定年後からの孤独入門

河合 薫

SB新書
505

プロローグ　人生とは会社、会社とは不条理

人生は全くもって節操がない。散々けしかけ、走らせ、持ち上げ、ある日突然、はしごをはずす。人生とは「会社」である。

――うちは52歳になるとセカンドキャリア研修を受けさせられます。通称〝ジジババ研修〟です。内容はおそらくどこの会社も同じだと思いますけど、やれ年金がどうだの、ライフプランがどうだの、今辞めると退職金がどれだけ多いとか……。あとね、そば打ちやら大人のピアノ教室のチラシも配られる。うわさでは聞いてましたけど、実際に研修を受けるとモチベーション下がりまくりで。怒りすら湧いてきました。

だいたいまだやるべき仕事はあるし、やる気もある。なんで今なんだよ、って。

でも、それは序の口。55歳になると一斉に役職定年です。どんなにがんばってもびた一文も上がらない。給料は減らされるし、結構しんどい。しかも2割減だと頭で理解してても、実際に給料の振込額を見るとショックを受ける。こんなに減るのかって驚いて、慌てて住宅

ローンの月々の返済額減らしましたよ。

今度60歳で雇用延長になったら5割減でしょ。みんなプライドがもたないって言ってますね。去年まではこんな会社辞めてやるって盛り上がってたんですけど……。面接を受けたときに散々こっちのキャリア聞いといて、最後に「誰かいい人いません?」って言われちゃって。もちろんいい話があれば即行きますけど、定年が延びるとか人事制度が変わるってうわさもあるしね。取りあえず様子見してます。

不安が全くないと言えばうそになりますが、自分で坂道を転がるようなことはしたくない。嘆きがある日々の中で必死に気持ちを保ってる。そんな感じです――

某食品メーカー勤務　松田さん（仮名）57歳

下山すらまともにさせてもらえない

40代後半になれば誰もが会社という枠内で、自分が持つ運や市場価値が痛いほど分かる。それでもいい仕事をしたくてひたすらがんばってきた。某食品メーカーに勤める松田さん、57歳も、その一人だ。

思い付きでものを言う上司に耐え、「働き方改革」という会社が立てた錦の御旗を守るために若手の身代わりでサービス残業をし、モンスター化した部下とのコミュニケーションに日々頭を悩ませながらも、家族のためにと理不尽な要求に応えてきた。

世間はそんな働き方を「社畜」だの、「会社しか居場所がなくて気の毒」だのとやゆするけど、別に会社のためだけに働いてきたわけじゃない。ただただ自分の能力をできる限り発揮したかった。しんどいことの方が多かったけど、仕事が面白いときもあったし、黄金期もあった。「ひょっとしたら役員になれるかも」と期待したことだってある。決して出世に目がくらんだわけじゃない。出世して自分の立ち位置は自分で作ろうと考えた。その全てが会社員としての誇りであり、モチベーションだったのである。

ところが50代になった途端、会社はあの手この手で追い詰める。あらゆる業界が「50代問題」と銘打ち、「働かない50代のリアル」特集がさまざまな雑誌で組まれ、バブル世代を狙い撃ちした「希望退職」という名の肩たたきをする企業は後を絶たない。最近は「会社の業績がいいうちに切ってしまえ！」と積極的に40代後半から50代のリストラを敢行する企業も増加中だ。「人生後半戦はいかにうまく下山するかが大事」と人生の諸先輩方はおっしゃるけど、下山する猶予もないままに、ある日突然バズーカ砲が放たれる。

若い社員たちも「何もやってないのに俺の給料の倍！」「経験なんて役に立たないのに昭和の話ばっか」と陰口をたたき、50代に冷ややかな視線を注ぐありさまである。

ＡＩ vs ベテランの暗黙知

目に見える仕事だけが仕事ではない。意外に思うかもしれないけど不測の事態で役立つのはベテラン社員の「暗黙知」だ。これは経験を通して身に付く言語化できない知識のこと。海千山千の経験の点と点をつなぎ「ひらめき」という人間にしかない必殺技が作り上げる暗黙知は、ＡＩ（人工知能）には決して創造することができない世界だ。

だが、どんなに50代の価値を叫ぼうとも、会社には負け犬の遠ぼえにしか聞こえない。悔しいけど、医学の急速な進歩で寿命が爆発的に延びたところで、ビジネスの論理から言えば年寄りは嫌われてしまうのだ。もっとも50代は年寄りではないが、酸いも甘いも知り尽くした働き盛りを戦力外扱いし、地面にたたきつけるのだからむちゃくちゃである。

そんな世間のまなざしに「俺は大丈夫か?」と不安がる自分と、「なんとかなる!」と根拠なき楽観に安堵《あんど》する自分。2人の自分が出たり入ったり、消えたり出没したりを繰り返しているうちに、社会保障費は年々増額され、年金受給年齢は引き上げられ、揚げ句の果てに「2000万円必要」だのと、国からせっつかれる始末だ。

おかげで脳内テレビには、「今あるお金で大丈夫なのか?」「いったいこの先いくら必要なのか?」「やっぱり投資で増やさないとヤバイのか?」と書かれたテロップが繰り返し映し出され、老後破産、下流老人、孤独死などなど、くすぶっていた不安が一気に掘り起こされる。

50代というのは、誠に中ぶらりんの切なきお年頃だ。

「ポツンと一軒家」(テレビ朝日系バラエティー番組)が視聴率20%超えをたたき出すのも、

世間に惑わされないその生き方に引きつけられ、どうしたらそういう価値観を持てるのか、必要なものは何か、自分は何者なのか、と戸惑う人が多いからなのだろう。

カネでも地位でもなく有意味感

そんな世知辛い将来不安をかき立てる世の中でも、襲いかかるストレスを首尾よく次々とやり過ごし、満足いく人生を手にする人たちがいる。悠々自適という甘美な言葉が死語と化しても、潤った心と生活を保ち、人生後半戦をカッコよく生き続ける人が持っているもの。

それが「有意味感（meaningfulness）」だ。

有意味感があれば、属性や肩書ではなく自らの名で自分を呼べるようになる。有意味感の高い人は「自分にとって意味あるモノ」を直感で選別し、「ストレスや困難は自分への挑戦だ！」と前向きに対処できる。

——50歳の時に左遷されました。半年間くらいは腐ってましたね。で、気付いたんです。あ、プロジェクトは成功させたけど、技術移転をしなかった僕には場所がないんだって。結局、最後は品質管理に行かされたんだけど、不思議と会社員生活でこの時が一番楽しかったんです。自分が培ってきたノウハウを後輩に教えて、サポートしてね。負け惜しみではなく、こういう経験を最後にさせてくれた会社に感謝しています——

元自動車メーカー勤務　石黒さん（仮名）63歳

こう語る石黒さんは、自分がやるべき仕事に没頭し、半径3メートルの他者との関わり方を変えることで有意味感を高めた。

「意味がある」という感覚は、自分の仕事などに向けられることもあれば、自分の存在意義そのものに向けられることもある。有意味感を高めれば、自分の「真の誇り」を手に入れられるのだ。

他の人はどうしているのか？

そこで本書では、これまでインタビューにご協力いただいた７００人超のビジネスパーソンたちのリアルストーリーを土台に、健康社会学の立場から定年前後の生き方・働き方を分析し、有意味感を具体的に高める方法をさまざまな角度から解説している。

それは誰にも聞けなかった「他の人はどうしているか？」を知り、有意味感を手に入れるプロジェクトだ。

健康社会学とは、人と環境の関わり方にスポットを当て、人の幸福感や生きる力を研究する学問である。心理学は「個人」が強くなることを目的にするのに対し、健康社会学では「個人を強くする環境」がゴール。どんなに強くなれと言われても強くなれない、「目標を持てばいい」と言われたって、どんな目標を持てばいいのかさえ分からない。どんなに「自分を信じることが大事」と言われたところで、信じることなどできない――。

そんなへなちょこでも、一歩前に踏み出してみようと思える環境＝自分を取り巻く「半径

3メートル世界」をゴールにするのが健康社会学だ。

ただし、環境は必ずしも、自分に都合のいいものばかりじゃない。どちらかといえば望ましい環境がある方がまれ。それでも、自分を取り巻く環境を、真正面からだけじゃなく横から見たり上から見下ろしたりすると、「あ、こんな面白いところがあった！」と気付くことがある。本書で「他の人の経験」を知ることは、50代に待ち受ける不条理を乗り切るのに大いに役立つに違いない。

大量定年ぼっち社会の到来

成人人口の10人に7・4人が40歳以上、10人中5・7人が50歳以上（総務省「人口推計」2020年1月報）という超高齢社会に待ち受けるのは未曽有の「大量定年ぼっち」社会だ。「定年ぼっち」とは、定年と独りぼっちをくっ付けた造語だ。

役職定年や定年後再雇用で、そこら中に定年ぼっちがあふれる社会がどんなものか皆目見当がつかないけど、有意味感さえあれば、定年ぼっちになっても何も恐れることはない。人と比べることなく、自分が心から決めた道をおもしろく歩くことができる。上の世代のキャリアパスが全く参考にならない雇用環境に投じられた今、有意味感こそが人生に必要なことだと私は確信している。

しょせん、人生で遭遇する困難は後から考えると取るに足らないちっちゃなことの方が多い。9割は笑い飛ばし、1割のやりたいことだけに集中すればいい。どうせいつか死ぬのだから、臆病に生きるくらいならやりたいことを精いっぱいやって死んだ方がいい。

本著を読み終えた後に、理不尽と想定外の連続である人生を「おもろく生きるが勝ち」と、一人でも多くの人が思えることを願っている。

目次

定年後からの孤独入門

冷めない余熱
「俺はここにいるんだ！」
定年＝肩書が消える日
居場所を求め「古戦場」を巡る
声の調子を変える本能
現役時代の肩書なんてたまたま
部下たちの話についていけない
消えるアフターファイブ
中ぶらりんを癒やす余熱
定年とは「ルーティン」の喪失である
会議、忘年会、ランチの価値
実績は役立たない
横綱は諦めても相撲は諦めない

第2章

塩漬けおじさんが定年で失敗する理由

——定年ぼっちになる人・ならない人

半年で出社拒否になった元常務

〝塩〟が抜けない

ひがみっぽいおじさんは嫌われる

塩漬け濃度チェックリスト

塩か？　年取っただけか？

横柄・見下し・家族にも見放され……

「過去の栄光」にすがるおじさんが生まれる科学的理由

「俺はそんなにダメじゃない！」

再雇用とは転職

シニアvsシニアの仁義なき戦い

オバちゃん力こそが最良の戦略
妻の「喉乾いた？」の本当の意味
おせっかいな一言
会社のコミュ力の高さは社会のコミュ力と反比例

第3章 ぼっちは定年前から始まっている
――有意味感

働く人たち133人の生きた言葉
音を立てないウエートレス
墜落事故と臆病な自衛官
完全燃焼せよ！
プライドの正体
目指せ！　小さな英雄

第4章 死ぬより怖い「ぼっち」の世界
――アイデンティティーの喪失

第5章 人生に意味を作る

自分の価値判断で生きる
夜と霧の中を飛ぶパイロット
つながりはメタボ予防に効果あり
人生を豊かにする「緩いつながり」
同窓会という鬼門
定年過ぎればただの人
英語もまともにできない50代
おじさんは日本の未来かも？
ベテラン運転手に見た現場力
仕事現場の〝雪かき仕事〟を生かせ！
自分に期待する力のスイッチ
他者は変えられないけど他者との関係性を変えることはできる

終わりと目的

第1章

古戦場巡りで気付く〝ぼっち〟の世界

——ルーティンの喪失

生前葬消滅で成仏できず

いつもどおり目を覚まし、新聞を読む。テレビを見ながら朝食を食べ、ふと時計を見て気付く。「そうか。もう通勤電車に乗らなくていいんだ」。が、いったい何をやったらいいのか分からない。仕方がないので面白くもないテレビのチャンネルを次々に切り替える自分が情けなく、やがて堪え難い孤独感に襲われる——。

これは定年に達して居場所を失ったサラリーマンの悲劇として描かれる定番のシーンだ。だが、定年のあり方が多様化し、「一つの会社で勤め上げて、はい、おしまい！」の時代が終焉《しゅうえん》を迎えた今、定年翌日から切れ目なく雇用延長や再雇用が始まるのが新しい定番である。

その結果、「生前葬」のような仰々しいイベントは消滅し、こぢんまりとお疲れさま会や還暦祝いが開かれるくらい。再雇用後の労働条件の悪さを周りが過剰に気遣い、女性社員から小さな花束をもらうだけ、なんてケースもチラホラ。華々しい門出を期待していた人には少々物足りないかもしれないけど、人間、暇ができるとろくなことを考えない。「生活費は足りるか」「もっと節約しなきゃか」や「認知症になったらどうしよう」と、悩みばかりが増える。であるからし、これはこれで良かった。

その反面、人生後半戦への節目が曖昧になり、自分の立場の変化を受け入れるのが難しくなった。生前葬が消え、成仏できなくなってしまったのだ。

働かないおじさん化する心理

独立行政法人労働政策研究・研修機構が、定年退職をし雇用延長や再就職した人たちに、「セカンドキャリアがスタートした直後の自己イメージ」を訪ねたところ、8割の人が「人並みにはやっているし、寂しくなどなかった」と回答した（「定年退職後の働き方の選択に関する調査研究結果」）。

ところが、いざ新しい条件や環境で働き続けてみると、多くの人たちが当初考えていた働き方を断念していたことが分かった。

「自分のスキルを生かそうと張り切っていたのに、誰からも期待されない」「賃金が下がることは分かっていたけど、実際に働いてみると低すぎる」「権限が一つもない」――。そんな現実に失望し、不満が募り、自尊心を低下させていたのだ。

お金が全てではないけど、がんばって結果を出してきた人ほど減額されるのだから、やる気がなえるのも無理もない。後輩たちからぬれ落ち葉のように扱われるのも情けない。元同僚の中には高待遇で他社に再雇用されたり、早期退職して大学の教授になった人もいるので、余計にめいる。

そんなネガティブな感情から逃れるために、「気楽に仕事をするようになった」「職場の人と勤務時間外に付き合わなくなった」「仕事に長期的な見通しを立てなくなった」「重い責任を負うような仕事のやり方はしないようになった」など、自ら率先して〝働かないおじさん化〟していく様子が調査で浮き彫りになったのである。

ぬれ落ち葉になる

「仕事が残ってても平気で『もう時間なんで』って帰るんですよ！」

「逐一『これやらないとダメなの？』っ聞かれてうざいです！」

「会話があるだけいいじゃないですか。うちのシニアはコミュニケーション拒否！」

「ずっと隣で居眠りされるのも、やんなりますよ！」

「こんなこと、なんで俺がやるんだとか、不満ばっかり。もう、やめて欲しい！」

「『そんなにお金もらってないもんね～』って開き直って、仕事拒否するのもムカつきます！」


若手社員だったら決して口にできないおじさん社員たちのダメさ加減を、こうぶちまけるのは私の著書で度々登場する〝第二秘書室〟のメンバーである。

彼女たちはいずれも私のインタビューに協力してくれた女性で、豪胆無比のおつぼねさまや、上司に盾突くことを恐れないおてんば娘たちだ。彼女たちが赤裸々におじさん社員への不満をぶちまけるのは、彼女たち自身が「元部長」「元課長」の年上部下に手を焼いているからに他ならない。上司からは「うまくやってくれよ！」と丸投げされるので余計にストレスがたまる。

無論、彼女たちはおじさん社員たちが、最初は「やる気満々」だったなどと知る由もない。故に、容赦なくおじさんたちをぬれ落ち葉のように扱うのだ。

冷めない余熱

私はかれこれ20年近くフィールドワークとして、ビジネスパーソンをインタビューしてきた。その数は７００人超。本書執筆に当たっては、集中的に50～60代の人たちに協力してもらった。そこで分かったのが、長い間組織で働いてきた人が持つ「余熱」の存在である。

会社員生活では報われなかった思いを誰もが大なり小なり抱えているものだが、リアルタイムでは苦しかった出来事も、時間がたつと懐かしい思い出になる。理不尽な要求の連続の中にも、いくばくかの楽しかったこともある。そんな多種多様な経験が、役職定年や雇用延長といった区切りが近づいてくると、余熱となり心を守る。自己防衛機能が働き、厳しい現実をオブラートに包み込むのである。

すると本当は稼げるだけ稼がないと老後が心配なのに、「60過ぎてまで働きたくないっすよね～」と強がってみたり、定年後も今と変わりなくがんばりたいのに不機嫌な態度をとったり、小さなプライドを守るために自慢話ばかりしてしまったりと、過去を引きずった言動が繰り返される。それが周りの若手社員たちの反感を招くことさえ、余熱に包まれた心は知覚できない。

20～30代の約9割が終身雇用を、約7割が年功賃金を支持しているにもかかわらず[※1]、目の前のシニアにはキツく当たるという矛盾を生じさせてしまうのである。

「俺はここにいるんだ！」

とはいえ、余熱はしょせん余熱なのでやがて冷める。余熱と引き換えに訪れるのが孤独感だ。

寂しさを分かち合う同僚もいなければ、笑い飛ばして酒のつまみにする友達もいない。稼ぎが減り暇を持て余す夫に妻は冷淡だし、年頃の息子も娘も自分の生活に忙しくて、父親のことなどそっちのけだ。

会社にも家庭にも居場所がない。「俺はここにいるぞ！」と叫びたくなる。人は立場が不確かになると孤独を感じるのだ。そんな自分に怒りを感じる一方で、無性に寂しくてたまらなくなる。

だが、ここで腐らず、踏ん張らないと今までの苦労も、築いてきたキャリアも無駄になる。70歳まで、いやそれ以上働くのが当たり前になった今、50歳からどう生きるかが重要な選択となる。

一番まずいのは、余熱にすがること。過去の肩書を引きずって強がったり、不機嫌な態度で殻にこもると、次第に孤独に打ちのめされ、最悪の場合、高齢性のウツに悩まされることになる。

そこで、「余熱」とは具体的にいかなるものかを、定年者の経験談からお話しする。

定年＝肩書が消える日

――早期退職も考えましたが、取りあえず様子見で雇用延長し、管理部門に異動になりました。定年で大きく変わったのは、固定給が大幅に減額されたことと、時間外手当がつくようになったことくらいです。

　気持ちに余裕ができたせいか、妙に昔が懐かしくなりましてね。40代の頃に単身赴任でお世話になった方に、元気なうちに会っておこうと一人旅に出ました。

　みんな集まってくれてホントにうれしかった。毛糸のひもがほどけるように、次々と当時の記憶がよみがえって大いに盛り上がりました。でも、そんな楽しい気持ちとは裏腹に寂しい気持ちになってしまったんです。

　何か特別なことがあったわけじゃないんだけど、そうね、自分は過去の人なんだって痛感した。旧友と会ったことで客観的に自分が見えてしまって。感傷的になっているのは自分だけで、妙に情けなかった。

　雇用延長してから、社内では自分の立ち位置がうまくつかめなくて。ケツの据わりが悪かったんです。自分では意識してなかったけど、旧友たちに慰めや励ましの言葉を期待していたのかもしれません。でも､彼らからすれば私は恵まれているように見えたみたいで。うん、そうね。俺、何やってんだろう、ってね。

　やっぱり定年っていうのは「肩書」が消える日なわけです。たとえ何がしかの肩書がついても、影響力のない肩書はただの記号です。誰も期待しません。私はそれまで、肩書で生きてるつもりはなかった。でも、自分も肩書に惑わされていた。そのことに気付かされて、恥ずかしかったんです――

金融関係勤務　山下さん（仮名）63歳

居場所を求め「古戦場」を巡る

定年後、孤軍奮闘した「古戦場」を訪れたり、その界隈《かいわい》をさまよう人は実に多い。行きつけの飲み屋でママさんが振る舞う手料理や、それを肴《さかな》に飲んだくれた常連たちへの懐かしさに加え、かつての人間関係の中に自分の居場所を確認しようと心が無意識に動く。人間にはアイデンティティー（自己の存在証明、自分とは何者であるかの自己定義、あるいは自分自身は社会の中でこうして生きているんだという実感、存在意義）を探索する欲求があるため、楽しかった過去の人間関係に安寧を求めるのだ。

ところが現実は残酷である。

悲しいかな、他人は常に自分を映し出す鏡。そこに映ったのは何者でもなくなった、自分の姿だった。行きの列車で浸っていた余熱が帰りの列車で冷め、何者でもない自分に気がめいる。無性に寂しくなり、先行きの見えない不安に襲われてしまうのだ。

もっとも本人も「昔のまま」を期待していたわけじゃない。むしろ「変わったこと」を確認したかった。古戦場巡りは過去と決別し、自分を納得させるための儀式のようなもの。もちろん無意識にではあるが。

いずれにせよ「自分も肩書に惑わされていた」という言葉を紡ぐのに、山下さんはどれほど葛藤しただろうか。

若い頃は仕事のできる上司に憧れるが、年を重ねると「ああはなりたくない」とアンチロールモデルばかりが目につくようになる。

「昔の肩書にしがみつく元上司」「会社にしがみついてるくせに文句ばかり言う元エリート」「元部下に仕事の指示をしてうるさがられる役職定年社員」などを見るにつけ、「あんなふうになったらおしまいだ」と自分を戒める。

ところが自分も……、肩書に惑わされていた。過去の人間関係に居場所を求めた自分が、滑稽でたまらないのだ。

大きな組織に属していると、肩書に甘んじた人間関係を築いてしまいがちだ。自分の影響力を肌で感じ、心地よさを感じた経験も一度や二度じゃなかったに違いない。属性や職名が自分の大きな部分だったことに気付き、その社会的な立場が弱まったことを寂しがる自分を受け入れるのは容易ではなかったはずだ。

声の調子を変える本能

肩書には私たちが想像する以上に、人の心に強い影響を及ぼすパワーがある。

肩書の効果に関する研究はさまざまあるが、中でも興味深いのが米国の人気テレビ番組「ラリー・キング・ライブ」を舞台にした研究である。

コミュニケーション研究ではかねて「人は無意識に声の調子や話し方を、権力や権威を持つ人に近づける傾向がある」という主張があり、それを検証しようと「ラリー・キング・ラ

イブ」でのインタビューを分析した。※2

その結果、ほとんどのゲストたちが司会者のラリー・キングに合わせて声の調子を変えていたのだが、ビル・クリントン元大統領やジョージ・ブッシュ元大統領、オスカーやエミー賞などありとあらゆる賞を受けているバーブラ・ストライサンドなど世界最高峰の肩書を持つゲストのときには、キングが相手に合わせ声の調子や話し方を変えていたのだ。どんなセレブリティにも、歯に衣《きぬ》着せぬトークで本音を引き出したキングでさえ肩書に引きずられていたのである。

現役時代の肩書なんてたまたま

このような変化は自己愛によるものだと考えられている。

影響力のある人＝権力者の声に似せることで、相手に安心できる存在と認識してもらえば「なんかいいことがあるかもしれない」という気持ちが、心の奥深くで無意識に働くのだ。

私たちの身の回りでも同様の現象は起こる。「権威とか権力に屈しないぞ！」と息巻いていた人が、偉い人の前で態度が変わるなんてことはよくあるし、「権力がある」と見なされている上司は部下たちから話し掛けられる頻度が高い。どんなに性格が良くても権力がないと部下から無能と見なされ、部下たちの士気も低下するという身もふたもない現象が多くの心理実験や調査で認められている。

私自身、国際線のCAをやっていた20代の頃は、エコノミークラスとファーストクラスとでワンオクターブくらい声のトーンが違った。もちろん無意識にではあるが、下手なことして怒らせたくない、機嫌をそこねてほしくない気持ちと、「偉い人に好かれたらいいことあるかも」なんてよこしまな感情もあったように思う。

誰もが知る大企業や一流と呼ばれる社会的評価の高い企業に勤めている人ほど、初対面の人に自分が「所属する集団」や「肩書」を明確に伝えたがるのも、彼らが肩書で、他者のまなざしが変わることを経験的に知ってるからだ。肩書は相手の心をつかむ最強のツール。国や文化を超えて古くから受け入れられてきた「権力は人を堕落させる」という歴然たる信念も、肩書に惑わされる人の心理に基づいている。

とはいえ、会社人事の9割はたまたまであり、現役時代の肩書なんてものはたまさかの僥《ぎょう》倖《こう》である。しかし、現役時代（＝定年前）なら「出世は運」と笑い飛ばせても、いざ戦力外（＝定年後）になると肩書は切実になる。人間とは実に厄介な存在なのだ。

部下たちの話についていけない

――私は定年後再雇用で、子会社に行きました。それまで毎晩、部下たちと飲みに行っていたので、部下のいない生活は手持ち無沙汰でした。

そんなときに元部下たちからお誘いがありました。うれしくてね。ありがたかったですよ。部下たちも私が上司のときには言えなかった本音を漏らしたりしてね。新しい会社でストレスがたまっていたもんだから、余計に楽しかった。

その後も部下たちが誘ってくれたので、そそくさと出掛けていたんです。でも、だんだんと疎外感を抱くようになった。つまり、部下たちの日常は日々アップデートされるから、話についていけないんです。

彼らがいちいち私に分かるように説明してくれると、部下たちは私のことを哀れんでんじゃないかとか卑屈な考えをしてしまって。そんな自分にも自己嫌悪する。

定年ってアフターファイブも消えるんです。それを自覚できず部下たちの優しさに甘えていた私は、結局、過去の自分にしがみついていたのかもしれません――

元メーカー勤務　野田さん（仮名）61歳

消えるアフターファイブ

世の中には後にならなければ分からない大切なことがあるものだが、会社員にとってのそれは「日常」である。職場のメンバーとのおしゃべりは、日常の共感をつないだ「声」。とりわけ飲み会は、内側のメンバーだけに許される、職場では言えないとっておきの秘密の暴露だったりもする。

部下Ａ「〇〇さんのアレ、どうなんすか？」

部下Ｂ「ヤバイだろ。パワハラで訴えられてもおかしくないですよ」
上司「○○って、営業の課長か？」
部下Ａ「はい。結構、昭和引きずってんですよね～」
部下Ｃ「でもさ～、××にも問題あったんじゃないの？」
部下Ｂ「俺なんて××のせいでサービス残業ざんまいですよ」
上司「××の父ちゃんは、△銀行のお偉いさんだからなぁ」
部下Ｃ「だから上も強いこと言えないんですね」
上司「（笑）俺も言えないぞ」
部下一同「（爆笑）」
（注・会話は妄想です）

といった具合に、いつもは人の悪口を言わない人や口数の少ない人がしゃべりまくる。普段は冷静な上司までもが丸裸の感情を暴露する。飲み会は職場では決して見ることのない素の顔が出る一方で、めんどくさい説明なしで盛り上がる時間は、「自分の居場所」を確認できる大切な経験だ。

1日の大半の時間を費やす職場は、コミュニティー（共同体）の役目を担っている。コミュニティーは人と人をつなぐネットワークであるとともに、そこには人々をつなぐ空間と規範がある。空間とはオフィスであり、規範とは日常の仕事。また、ここコミュニティーはある意味で閉じていて、「われわれ＝社員」と「彼ら＝部外者」との明確な境界が存在する。

悲しいかな定年退職した元上司は「外」の人。定年を迎えると職場の空間移動だった〝アフターファイブ〟は消滅してしまうのだ。

中ぶらりんを癒やす余熱

定年前の立場を失い、しかしまだ定年後の新しい立場を確立できてない移行期は、どっちつかずの状態で居心地が悪い。余熱にはその「日常の移行期の不確かさ」を癒やすぬくもりがある。

定年制がスタートした明治後期の男性の平均寿命は43歳前後で、定年年齢は55歳と寿命より長かった。おかげで余熱が冷める間もなくあの世へのお迎えが来てくれ幸せだった。昭和や平成の時代も余熱に浸りながら余生を送ることが、ギリギリできた。会社の囲碁クラブに毎月やって来る元常務は、何年たとうとも「常務」の立場にしがみつけたし、顧問になって会社に週3回だけ出社し元部下を呼びつけ、あれやこれやと人事に口出しをするのも許された。社会にも会社にも、次第に弱くなる自分の存在に執着する「年配の人」を許容する余裕があった、古き良き時代だ。

だが、生前葬が消滅した令和の時代は、過去の肩書にしがみつく人を相手にしてくれる人はいない。元の会社に寄りたくても、社員証がないので会社に入ることすらできない。ところが、余熱に包まれた心はその現実を直視できない。余熱は自己評価を高めるため将来を楽観視できる。加えて多少の時間変更はあるにせよ、朝起きて、電車に乗って会社に行くという生活のリズムが変わらないので、日常の変化も実感できない。

そして、余熱が冷めたとき、過去の日常が消えたことに今更ながらビビる。肩書や収入、部下、会議、社員食堂や喫煙室、コンペの約束や出張など、失ったものばかりが目につき、喪失感に苛《さいな》まれる。

転職を何回か経験したり、無職の経験があれば、不安定な移行期も難なく過ごせるけど、長いこと一本道の安定した日常を過ごしてきた人にとって、変化は大きな不安だ。自分の存在する意味が脅かされてしまうのだ。

定年とは「ルーティン」の喪失である

「定年」の定義自体が変わってきたご時世で、あえて健康社会学的に定年を定義すると、「ルーティンが断ち切られる日」と位置付けることができる。

ルーティンとは、2人以上のメンバーを巻き込んだ観察可能な日々の反復性のある行動で、誰かと一緒にやるのが当たり前になっている「日常」である。その日常が、自分の意思とは関係なくある年齢を境に、強制的かつ一方的に消えるのだ。

ルーティンは代わり映えしないことの繰り返しなので軽視されがちだが、実際には「生きる土台」を作る大切な行為だ。人間は生物学的に、周期性、規則性のある行動を好む傾向があるため、1日のリズムが他者関係と共にあることで、肉体的にも精神的にも安定する。

例えば、家庭のルーティンとは、

・食事の時間がだいたい決まっている
・朝ご飯は、できる限り一緒に取る
・家を出るときは必ず「行ってきます」と言い、家族が「行ってらっしゃい」と言う
・家に帰ったときには必ず「ただいま」と言い、家族が「お帰り」と言う
・余暇はリビングなどで、家族でテレビを見たり世間話をしたりする

などで、こういった当たり前の繰り返しが行動習慣となっている家族は、ストレスに強い。

特に「朝ご飯は、必ず一緒に取る」というルーティンを大切にしている家庭の妻は夫への満足感が高く、子供のストレス対処力が高く、家族のメンバー全員の人生満足度が高いことがいくつもの研究で確かめられている。

また、あくまでも私の感覚ではあるが、朝ご飯を必ず一緒に取る夫婦は離婚リスクが低い。前の晩にけんかしても仲直りのきっかけになったり、互いの顔を見ることが小さな問題の解

決につながるのだ。

会議、忘年会、ランチの価値

一方、職場では自分からルーティンを作らなくても、職場が自然と日々のルーティンを作ってくれる。始業時間、昼休み、同僚とのランチはルーティンだし、アフターファイブも職場の延長にあるルーティンだ。

毎週の会議や打ち合わせ、地方出張、忘年会や新年会などもルーティンだし、仕事の段取りを部下や同僚と共有したり、スケジュールを擦り合わせて社外訪問をするのもルーティンの機能を持つ。

つまるところ、会社というコミュニティーは、共通のルールに従った行動を、同じ時間軸、同じ空間で、同じメンバーで繰り返し行うルーティンがあるからこそ成立する。ルーティンがあるからこそ「自分はこのグループの一員だ」という帰属意識が芽生え、居場所の獲得や存在意義の確認が可能になる。

また、一見すると厄介なルーティンが、感情の切り替えに役立つことがある。例えば、部下が犯したトラブルに対処したり、上司の気ままな要求にあたふたする経験は、退屈な日常のスパイスになる。大切な人が亡くなり悲しみにうちひしがれているときに、会社に出社し、やるべき仕事に熱中していると悲しみを忘れることだってできる。

そのルーティンが定年で消えるのだ。定年後の新しい職場にはルーティンがあるようでない。生活のリズムが変わらなくても、確実に立場が変わり、やらなくてはならないことが減り、誰かとやる当たり前がなくなるのだ。定年には、「定年ぼっち」が避けられないというリアルが付きまとうのである。

定年後雇用延長や再雇用で、日常の生きる力の土台が不安定になった状態を克服するには、新たな職場でルーティンを作るしかない。定年後に最初に行うべき作業は、２人以上のメンバーを巻き込んだ観察可能な日々の反復性のある行動を、自ら具体的に作ることだ。

実績は役立たない

――私は早期退職して70歳まで働ける会社へ転職しました。前職の役職とか実績って、全く役に立ちません。現実を受け入れるのに苦労しましたけど、自分が決めたことです。どうにかするしかないなぁと思いましてね。新入社員の頃やっていたことをやってみようと、朝、早めに出勤して社内の掃除やらゴミ捨てをやりながら周りの人を覚えたり、何がどこにあるかも覚えるようにしました。

不思議と一緒にやってくれる人（女性）が出てきてくれて、今も毎朝やって、楽しく勤務しています。思い起こせば私の父は中卒でしたが、そういう地道な努力をしてきた人でした。これってDNAですかね？（笑）

やっぱり、なるべく早く俺が俺がの黄金期を忘れて、明るく、楽しく、周りの若い社員や女性たちと仲良くして、自分の立ち位置を築くことが新しい働きがいになるんじゃないでしょうか――

保険関係勤務　福田さん（仮名）64歳

福田さんのようにテーマを決めて、一つ一つ意識してやるだけで、新たなルーティンを作ることができる。ポイントは「周りの人を覚えたり、何がどこにあるかも覚えるようにした」

など環境に溶け込もうとしたこと。つまり、自分だけで完結するルーティンのようでそうじゃない。きちんと半径3メートルの他者も視野に入れた。もっとも最初から、他者を直接巻き込んでも大丈夫だ。

例えば、「会社に行ったら『おはよう』と会う人全員にあいさつしてみよう」「今日は3人に『ありがとう』と言ってみよう」と意識する。「今日は昼飯に誰か誘ってみよう」でもいいし、「今日はとっておきの技を誰かに伝授しよう！」でもいい。もし、うまくいかなければ次の日にチャレンジすればいい。ルーティンは日々の繰り返しなので、何度でもチャレンジできるので気負うことなくやればいい。「そんなことしたらウザがられるのでは？」と心配になるかもしれないけど、とにかくやってみる。具体的に動けば、必ず何かが開けるものだ。

人は案外単純で、自分が主体的に動いたことに対し、誰かがリアクションしてくれると、小さな幸福感を堪能できる。仕事のモチベーションや幸福感は半径3メートルの人間関係に大きく左右されるのだ。それだけじゃない。

ルーティンを「計画→実行→成功」すると、「心理的well-being」の強化につながっていく。

「心理的well-being」は、個人を取り巻く環境要因や経験で作られるポジティブな心理的機能で、平たく言えば、心の筋肉のようなもの。人生の危機に対処し、乗り越えることで「心の筋肉」が鍛えられれば、その後遭遇するストレスを難なく軽減できる。

そのためには「俺が俺がの黄金期を忘れる」（by福田さん）しかない。

横綱は諦めても相撲は諦めない

生前葬が消滅した定年後は、まさに人生のクライマックスへの突入期だ。人生の起承転結の結が「死」ならば「承」の終わりが定年で、「転」の再雇用、雇用延長で大どんでん返しが期待できる。

余熱が冷める瞬間はしんどいかもしれない。だけど、一度立ち止まって、勇気を持って具体的に動けば、有意味感を手に入れる第一歩となる。それは会社から与えられた肩書の呪縛から逃れ、自分の価値を自分で作る絶好の機会だ。

かつて「中高年の星」と呼ばれた元大関の魁皇は、潔く〝横綱〟を諦めながらも、粘り強く〝相撲〟を諦めなかった。それと同じように「会社での立場」は諦めても、粘り強く「働くこと」を諦めなければいい。

もはや勝つことにこだわるのは無意味だ。生き延びればいい。右往左往してもいいからそれまでこだわっていたことを諦めると、案外次に動きだしやすくなるものだ。

「定年って、『シン・レッド・ライン』みたいなもんですよね」と話してくれた男性がいた。定年＝ルーティンの喪失は、地雷だらけの人生と戦うエネルギーを奪っていく。だが、新しいルーティン作りに励めば、厳しさに耐える土台ができる。それを可能にする力を人間は秘めているのだ。

次章では余熱が冷めてもしぶとく残り続ける「塩」についてお話しする。

※1　独立行政法人 労働政策研究・研修機構「第7回勤労生活に関する調査」結果

※2　A nonverbal signal in voices of interview partners effectively predicts communication accommodation and social status perceptions. 1996

残念なおじさん図鑑①

元銀行員、61歳の昭夫は蓄えはあるが趣味はなく、友人とも疎遠になっていた。そんな昭夫がボランティア感覚で、自宅マンション内のゴミ出しチェックを始めた。ただ、ルール違反のゴミは中を漁り、捨てた者の玄関先に返すため住民とのトラブルが頻発。家族との仲もひびが入った。

第2章

塩漬けおじさんが定年で失敗する理由

――定年ぼっちになる人・ならない人

半年で出社拒否になった元常務

「お恥ずかしながら、私、この年になって出社拒否になってしまって。だらしないですよね」
こう切りだした岡田さん（仮名）は某大手企業の元常務。63歳で定年となり8カ月後に再就職。これまでのキャリアを買われての就職だったそうだ。

――定年になったらやることがなくなって、定年うつになるって脅されていたんですが、私の場合は幸い次が決まっていたので大丈夫でした。妻も8カ月ですからギリギリ我慢してくれたんでしょう。

再就職先は関連会社です。数年前から積極的に同じ業界からシニア採用をしていましてね。昔の上司が呼んでくれたんです。

受け入れ態勢はきちんとしていました。研修期間もあるし、シニアも戦力として見てくれる。給料は下がりますが、本人の能力次第では70歳までいられるんです。

私は気力と仕事の質には自信があったし、今までのキャリアを生かしてがんばろうと張り切っていました。

ところが……半年後に出社拒否です。完全にメンタルをやられてしまったんです。原因はいろいろあります。期待に応えようとすればするほど空回りしたし、上司ともうまくいかなかった。パワハラみたいなこともあったりで。やっぱり人間関係は大きいですね。家では心配させないように振る舞わなきゃだし、疲れてしまったんです。

あと……せこい話なんですけど、前の会社のときはタクシーも自由に使えたし、周りも私のことをそれなりに扱ってくれました。ところが、再就職先では私はシニア社員の一人でしかない。飲み屋ひとつとっても扱いが変わります。

そんなのは分かっていたことだし、大したことじゃないって思っていました。なのに、実際に経験すると結構、プライドが傷つくわけです。

私みたいなのを、〝塩が抜けない〟って言い方をするらしいです（苦笑）。

私は社外とも人間関係があるし、趣味だってある。タコつぼ人間になっているなんて自覚は皆無でした。でも、実際は40年過ごした組織で、しっかり塩漬けになっていたんです。

私を引っ張ってくれた元上司が、いろいろと気にかけてくれるのも情けなくてね。結局、

1年もたずに辞めてしまった。周りに迷惑をかけるからそれだけは避けたかったんですが……、情けないですよね――

某大手企業元常務　岡田さん（仮名）64歳

〝塩〟が抜けない

張り切って再就職したのに〝塩〟が抜けずに退職とは、なんともやるせないお話だが、塩漬けは「手あかがついている」と表現されることもある明文化されることのない、暗黙のルールだ。1日の3分の1以上を過ごすルーティンだらけの職場環境が個人に及ぼす影響は想像以上に大きい。


「話し掛ける前に『話し掛けてよろしいでしょうか？』と聞かなくてはいけない」

「上司と廊下で擦れ違うときは直立不動であいさつしなければならない」

「食事は上司より遅めに取り、上司より先に戻ってなければならない」

といった軍隊式ルールや、

「年下には命令口調で話して当たり前」
「部下は上司に報告するのが当たり前」
「雑用は若手がやって当たり前」
といった年功絶対ルールは比較的分かりやすい塩だし、「暴力的なノルマ」や「異常な長時間労働」などは、ブラックペッパーならぬブラック塩だ。

――私は自分の仕事に100%集中することが当たり前だと思っていました。ところが新しい会社では「自分の仕事以外の仕事」をしないと評価されないんです。一生懸命自分の仕事をしてるだけなのに評価が下がる。ワケが分かりません――

情報サービス系勤務　相田さん（仮名）62歳

こういった会社の職場風土の違いに、前職の塩が邪魔をして適応を妨げる場合もある。

いずれにせよ会社の数だけ塩の種類があり、きゅうりの塩漬けなら沸騰したお湯でゆでれば簡単に塩抜きできるが、長年一つの会社で塩漬けされた思考回路はそう簡単に抜けるものではない。忠実に仕事をやってきた人ほど骨の髄まで染み込んだ塩を抜くのにてこずり、解けないパズルに苦悩し、自信喪失する。

とりわけ運命共同体的な面が強い日本の職場では、会社組織特有の思考パターン＝塩を理解し、実践する人ほど重宝され、役職やら権力やらを手に入れることができる。企業の不祥事が発覚したときに明かされる組織の最上階にはびこる教条主義や前例至上主義は、塩が年月をかけて結晶した、いわば「塩の化石」だ。

しかも、職場で偉くなればなるほど「塩の恩恵」を受けるようになる。「役員以上はカード支給」「役員以上は役員専用エレベーターを利用」「役員以上の家族のみ使える会員制宿泊施設」などの特別塩だ。その上、周りがヨイショ、ドッコイショの先回りコミュニケーションをしてくれるので、アウェー耐性は脆弱《ぜいじゃく》化する。どんなに「一兵卒としてがんばろう！」と意気込んでも、どう立ち回ればいいのかが分からない。新たな職場＝完全なアウェーで、分からないことを聞くこともできず知ったかぶりしてしまったり、年下上司に自分からあいさつをすることにも抵抗を感じてしまったり。

自分が長年築いてきた経験と自負心と「キャリアを買われての再雇用」という事実が、「なめられたくない」という厄介な感情に置き換わり、自分を自分で追い詰めてしまうのだ。

ひがみっぽいおじさんは嫌われる

長年会社の一員として慣れ親しんだ経験が、セカンドキャリアの足かせになるとは理不尽極まりないのだけど、塩抜き期間は自分と向き合う大切な時間だ。

塩漬けに気付きさえすれば、たとえ一時戦線離脱する事態になっても、必ず塩抜きできるので恐れる必要はない。

――私は自分から「僕これやります」と宣言して、わずかながら仕事を確保しました。でも、簡単にできると思ったことができず自己嫌悪の連続でした。必要とされていないと感じると実につらいが、ひがんだ心さえ押しやれば周りも手を貸してくれるものです。今は最新スキルもなんとか身に付け徐々に居場所を拡大中です――

食品メーカー勤務　田中さん（仮名）62歳

完全アウェーの新天地での塩抜きは苦労も多いけど、田中さんのような心意気で踏ん張ればいいこともある。学びに上下の方向性はないので、「年取った新人君」を演じれば大丈夫だ。

まぁ、それができないからややこしいことになるのだけど、「なんとかしたい！」とあがいてる人には、必ずや誰かが手を差し出してくれる。世の中そう捨てたもんじゃないのである。

というわけで、早速、あなたの塩漬け度をチェックしてみよう。

次の15個の質問に「○」か「×」で答え、終わったら「○」の数を数えてください。

塩漬け濃度チェックリスト

（1）他人からあれこれ指摘されるのが嫌い

(2) つい自分の自慢話をしてしまう
(3) 年下に自分からあいさつはあまりしない
(4) 部下に任せることができない
(5) 成功している同級生や同僚に嫉妬してしまうことがある
(6) タクシー運転手やコンビニ店員にイラつくことがある
(7) 妻や子供に命令口調で話してしまいがちだ
(8) 近所付き合いがほとんどない
(9) 妻に弱音を吐けない
(10) 他人の意見や行動につい否定的なことを言ってしまう
(11) 人に頭を下げるのが苦手だ
(12) どちらかというとルールに厳格である
(13) 人のうわさ話はすべきではないと思う
(14) 知ったかぶりをしてるヤツに腹が立つ
(15) 結論がない話は嫌いだ

塩か？　年取っただけか？

「塩漬け濃度チェックリスト」は私が行った700人超のインタビューをベースに、質問項目を作成した（ソーシャルスキル、セルフエスティーム、ストレス対処力の知見を生かし、日本の会社組織の基本構造に即した文言で作成）。「○」の数が多いほど塩濃度が高い。

・10個以上の激辛群は、塩抜きに相当の時間と絶え間ない努力が必要になる。塩抜き経験のある先輩社員に、フォローしてもらうのが望ましい。
・5～9個の辛口群は、時折ストレス発散しながら3カ月ほど辛抱すればなんとかなる。
・2～4個の甘口群は「塩を抜くぞ！」と決意するだけで、次第に抜ける。
・2個未満は塩漬けの影響ではなく。、ただ単に年を取っただけなので気にすることはない。

塩漬けの一番の問題はその濃さよりも、自己認識のなさだ。

塩にどっぷり漬かっていることに気付けない人は、年下上司の足を引っ張ったり、周りを否定するだけの人に成り下がったり、時には良かれと独断で仕事を進めてしまい、取引先とのトラブルに発展したりと、老害になる。「自分のノウハウを伝えたい」「良い仕事をして期待に応えたい」という気持ちが強い人ほど、暴走し、ふびんなほど周囲に嫌われる。本人には全く悪気がないので止まることもない。塩は長い時間かけてじわじわと擦り込まれていくので、簡単には知覚できないのである。

「再雇用できた親会社の元人事部長に『立場をわきまえろ！』って怒鳴られた。関わるのもめんどくさいので視界に入れないようにすることにしました」

こう語るのは第二秘書室の美春さん（仮名・45歳）だ。少々グサリとくる話になるが、スムーズに塩を抜くためだと割り切って、彼女と、同じくメンバーの恵さん（仮名・48歳）、正子さん（仮名・39歳）、香織さん（仮名・56歳）の「塩に気付けない人」の困ったエピソードをお聞きください。

横柄・見下し・家族にも見放され……

――まず驚いたのが、初日に前職の会社の名刺を配ったこと。うちの会社の親会社の人事部長だった人なんです。そんなことしたらどう思われるかくらいちょっと考えれば分かると思うんですけどね。でも、見かけは気のいいおじちゃん風だったので、歓迎会とかやったりしていたんです。

ところが私たちの善意は全て無駄でした。だって一週間もしないうちに横柄な態度で私たちを見下すようになった。まさに本性見たり！　って感じで、二言目には「そんなやり方をやっていたのか」とか、「意識が低すぎる」とかバカにし、前職のやり方を押し付ける。ちっとも現場の仕事を理解してないし、理解しようという気持ちすら感じられない。ちょっとでも反論すると、「立場をわきまえろ！」って怒鳴られる。さすがの私もへこみました。悔しいやらムカつくやらで、2日くらい引きずりましたよ――

美春さん（仮名）45歳

――うちのマンションに○○会社の元専務がいるんですね。その人、ボランティアでゴミの清掃に毎週、参加してて、初対面の人に必ず「どこの大学？　どこに勤めてる？」と聞くんです。しかも、ルールにものすごく厳格で、ちょっとでも分別を間違えてゴミ出しすると、中をあさって犯人突き止めて、その人の玄関先に返すんです。

それでトラブルになって管理人が注意した。そしたら、「当たり前のことやってるだけ」「清掃の人が困る」「ルールを守れない人は共同生活する資格なし」と逆ギレしたらしくて……。わがマンションの〝正論おじさん〟です――

恵さん（仮名）48歳

――私、テニスをやってるんですけど、そこにも正論おじさんがいますよ。東大卒、元商社マンのバリバリエリートです。以前は、たまにしか来なかったんですけど、暇になったのか最近、よく来るんです。それで若い子を見つけると、「テニスに向き合う態度がなってない」とか怒る。部下と勘違いしてるんでしょうか――

正子さん（仮名）39歳

――元上司が完全リタイアしたんですけど、奥さんに離婚されそうだからどこか再雇用先世話してくれって、社長のとこに泣きついてきたんです。いわゆる家庭内管理職ってやつです。奥さんのことを過剰に干渉するようになって愛想尽かされたみたいです。

一応、役員だったので、社長も適当にはあしらえなかったみたいで。知り合いの会社に頼み込んで再雇用された。ところが、そこでもトラブって結局、3カ月間で辞めちゃったんです。うちの会社に復活してこないことを祈るばかりです――

香織さん（仮名）56歳

「過去の栄光」にすがるおじさんが生まれる科学的理由

第二秘書室のメンバーたちが話してくれたように、塩抜きができないと実に残念な事態が起こる。しかも、人間の心は実に複雑で、「今の自分への評価」が年齢とともに高まる傾向があるので、ますます厄介なことになる。

自分に対する評価を、「過去の自己（これまでの私は……）」「現在の自己（今の私は……）」「未来の自己（いつかそのうち、私は……）」と3つの時間軸で捉え、年齢との関連を分析したところ、次のことが分かった（文京学院大学人間学部学部長で心理学者の下仲順子氏による）。

・「過去の自己」に対する評価――若い人は否定的に捉える。加齢とともに中立的になり、50代後半以降は肯定的に評価。
・「現在の自己」に対する評価――年齢とともに向上する。
・「未来の自己」に対する評価――若い人は否定的だが、だんだんと肯定的に評価するようになり、40歳前後にピークとなる。50歳以降急速に低下する。

つまり、50歳を過ぎると、自己評価が高い人ほど未来の自分が不安になる。輝いていた過去と混沌《こんとん》とする未来のギャップに耐えきれず、時として「過去の自分」にしがみつき心の安寧を得ようとする。

また、脳の老化は得意分野以外から進む習性があるため、「過去の栄光」は最後まで残り続けるという困ったメカニズムも存在する。老化した脳は前頭葉の機能が低下しているので感情コントロールも苦手。自分より低い属性の人に「俺のことをバカにするな！」と言わんばかりに横柄な態度をとったり、怒鳴りつけることが増え、娘や妻に「そんなことしてたら嫌われるよ！」などと言われようものなら、ますます意固地になる。高齢ドライバーが家族に促されてもなかなか免許返納に応じないのと同じ理屈だ。

「俺はそんなにダメじゃない！」

ただ、本人は本人で結構つらい。私が知る限り、彼らも周りから厄介者扱いされているんじゃないかという不安を、多かれ少なかれ感じていた。

50歳を過ぎると、さまざまなシーンでそれまで当たり前だったモノが奪われていく現実に向き合わないとならないので、余計にしんどい。横暴な言動の裏側には、社会的な立場がなくなっていくことへの寂しさと、過去の黄金期への執着が存在する。「俺はそんなにダメじゃない！」と言いたいのだ。

とはいえ、どんな複雑な心情があろうとも、周りの本音は「勘弁してほしい」。良い時代に生きたシニア社員に共感する人はいない。同年代の人たちでさえ、「甘えるな！」と活を入れる。「アンタみたいな人がいるから若い世代から煙たがられるんだ！」と迷惑がるのである。

以前、タクシーの運転手さんが「理不尽なことを言うのは年配の男性に多いんです。立派な感じの男性ですよ。俺らのことをたかが運転手って思うんだろうね。命令口調でね。殴られたら、警察呼べばいいけど、言葉の暴力じゃあ通報もできませんから。嫌な世の中になってしまいましたね」と嘆いていた。

正論おじさんやキレる老人が目立つようになったのも、それだけ高齢者が増えたことによるものなのだろう。

私がインタビューした元百貨店勤務の男性（72歳）は、70歳を超えてから怒りっぽくなり、妻を怒鳴り散らしたり、店員の態度が少しでも気に入らなければ激怒し、接客の心得をしつこく説いたこともあったと振り返った。そのたびに反省したものの、感情をコントロールする自信を持てなかったそうだ。

いずれにせよ、先のチェックリストで「(1) 他人からあれこれ指摘されるのが嫌い」「(3) 年下に自分からあいさつはあまりしない」「(4) 部下に任せることができない」「(6) タクシーの運転手やコンビニ店員にイラつくことがある」「(7) 妻や子供に命令口調で話してしまいがちだ」などの項目に「○」をつけた人は、前頭葉の衰えの影響をもろに受けてしまう可能性がある。何か言う前に一呼吸置く。それだけでいいので心がけてみるといい。

再雇用とは転職

さて、厳しい話が続いたので、ここからは「なぜ、塩抜きが難しいのか?」という根本的な話をする。

それは一言で言うと「再就職＝転職」という認識の乏しさだ。

「再就職が転職だなんて、当たり前だろ⁉　何を言ってるんだ‼」と怒る人もいるかもしれないけど、〝再就職〟という言葉が象徴するように、定年後、あるいは定年前に途中下車した人たちの転職は「今の延長線上にある」と考えがちだ。

大切なことなので、繰り返すが「再就職（再雇用）とは転職」である。定年後雇用延長も厳密には「社内転職」だ。

どんなに培ってきたキャリアだろうと、どんなに高い役職に就いた経験があろうとも、まずは組織の一員になることを最優先する。それは組織内における自分の居場所を確立するために必要なプロセスである「組織社会化」を成功させることだ。

組織社会化は一般的には新卒社会人に用いられる理論だが、実際には昇進や異動のたびに改めての組織社会化＝再社会化が必要になる。特に再就職でのそれは極めて重要だ。

組織社会化では、

・自らに課された仕事を遂行する
・良好な人間関係を築く
・組織文化、組織風土、組織の規範を受け入れる
・組織の一員としてふさわしい属性を身に付ける

の4点が課題となる。

新卒の場合にはこれらを包括的に獲得していくことが求められるが、熟練したキャリアでの再社会化は「良好な人間関係の構築」が最優先課題になる。新しい職場で一刻も早く自分の存在価値を知らしめたい気持ちは分かるが、どんな能力があろうとも周囲といい関係がない限り、その能力が生かされることはない。

シニアvsシニアの仁義なき戦い

ところが、長年権力ある地位にいた人は周りが先回りしてコミュニケーションをとってくれることに慣れているので、新たな人間関係を築くのが苦手だ。

一方、新規加入する〝偉い人〟を受け入れるメンバーたちは、

「自分たちを大切に扱ってくれるだろうか？」
「自分たちにどんな利益をもたらすのだろうか？」
「本当に信頼に値する人物なのだろうか？」
と不安を感じているので、新参者の一挙手一投足に注目する。

その中には同年代の〝先輩社員〟もいて、彼らの警戒心は半端なく高い。

「シニアがシニアを教育するのは、とても難しい」と、再雇用組の教育係の人が嘆いていたことがある。ベテランシニアは新米シニアに「見下されないようにしなきゃ」と警戒するのだという。「年を取っていると思われたくない」「大したことないとなめられたくない」と恐れるあまり、自分がバカにされないように相手をバカにする。シニアvsシニア。まさにプライドの戦いである。

シニアの「転職」では、こういった受け手側の心情をしかと受け止め、受け入れる側の不安や警戒心を解きほぐすコミュニケーションをとることが肝心となる。深く関わる必要はないので、まずは心の距離感を縮めること。アウェーに弱い人にはチョモランマを制覇するくらいのエネルギーが必要となるけど、ここは踏ん張りどころだ。

そこで参考にしたいのが「オバちゃんたちのコミュニケーション術」だ。オバちゃん力こそが、組織社会化成功の最良の戦略なのだ。

オバちゃん力こそが最良の戦略

オバちゃんたちの最大の強みは、相手の懐に入り込むコミュニケーションのうまさだ。ネガティブな言葉で表現すると「おせっかい」である。女性が年齢を重ねるにつれ人間関係が重厚になっていき、楽しみが増えていくのに反して、男性は希薄になりがちなのも、このコミュニケーションスタイルの違いが関係している。

一般的に男性は他者と何かを「する（do）」ことで、女性は他者と共に「いる（be）」ことで、他者関係を構築する傾向が強い。男性はコミュニケーションで「解決」を目的にするが、女性は「共感」がゴールだ。女性が会話で疑問形を多用し、曖昧な表現をする傾向があるのも、共感を大切にすることが関係している。おしゃべり好きに女性が多いのも、それが互いの距離感を縮める最良の手段だからだ。

例えば「女性部下が相談に来たから解決の道筋を立ててあげたのに、なぜか不満げだった」と嘆く男性上司がいるが、それは共感の欠如が原因である。女性部下は上司に「そうだよね」と共感してほしかった。ある意味、相談そのものが目的なのだ。であるからして上司が解決しようとすればするほど自分が否定された気持ちになる。「そっか。大変だったな」と一言でも言ってくれれば救われるのに、責められているような気分になってしまうのである。

妻の「喉乾いた？」の本当の意味

女性にとって会話における言葉は「相手とつながる」ことを目的としているのに対し、男性のそれは「情報の交換」である。前者は「ラポートトーク（rapport-talk）」、後者は「リポートトーク（report-talk）」と呼ばれている。

男性と女性のコミュニケーションスタイルの違いを説明するのによく使われるのが、次の夫婦の会話だ。

妻：“Are you thirsty? Would you like to stop for a drink?”

夫：“No.”

妻は夫は喉が渇いているのに、「無理して運転し続けているのでは？」と気遣った。それに対し、夫は「大丈夫だよ」と答えた。文字通り捉えれば、そうなる。実にシンプルな会話だ。

ところが、夫がそのまま走り続けると、なぜか妻はご機嫌斜め。そこで夫は「どうした？何を怒ってるんだ？　なんか悪いこと僕は言ったかい？」と問い詰めると、妻はこう答えた。

「車を止めて、何か飲み物を買いたかったのに……」

つまり、妻が期待していたのは、「僕は大丈夫だけど、なんか飲む？」と、妻の気持ちに寄り添う一言だったのである。

「それならそう言やいいだろ」と男性は思うかもしれないけど、これが「do」と「be」のずれであり、リポートとラポートの違いなのだ。

おせっかいな一言

医療品メーカーで副社長を務める山本さん（仮名）に、「部下に仕事のアドバイスなどをしても、うっとうしがられているような気がして」と相談され、オバちゃんトーク＝ラポートトークを試してみるよう話したことがある。

すると、その半年後。

――会議が終わって、部屋を出るときに、「おせっかいな一言」をすることにしてみました。「おふくろさんは、元気か？」とか、「オヤジさんは、ゴルフとかやるのか？」とか。すると相手も「介護が……」とか、「病気が……」とか、「母親が一人になって……」とかリアクシヨンしてくれて。若い社員の親は私と同世代ですから、たった一言ラポートトークを心掛けるだけで、距離感が縮まったんです。

私は今まで部下とのコミュニケーションを大切にしていたつもりでした。でも、おせっかいトークで、コミュニケーションの本質が分かったように思います——

医療品メーカー副社長　山本さん（仮名）59歳

こう話す山本さんは、62歳になった今も再雇用先で楽しく働いている。

男女のコミュニケーションスタイルの違いを脳の性差で説明する識者もいるけど、私は生物学的な性ではなく、社会的な性、すなわち男性と女性の役割の違いによって生まれるジェンダー（gender）に起因していると考えている。

故に、割合は少ないけど「いる（be）」志向が高い男性もいて、そういう男性はおおむね、姉や妹に囲まれて育ったり、会社でも出世とか権力とかあまり関係ない仕事人生を過ごしていた。自嘲気味に「僕はオバちゃんなんだよね」と言う人も多かった。

そして、決まってそういう男性は、再雇用先でも地域社会でも、年配の女性たちや若い人たちとワイワイ楽しむ人気者だった。ラポートトークのうまさが、周りとの距離感を縮めるのだ。

会社のコミュ力の高さは社会のコミュ力と反比例

会社の常識は社会の非常識とよく言われるとおり、会社組織では「効率性と生産性」が求められるが、地域社会では「無駄と寄り道」こそが人付き合いの潤滑油になる。白黒ではなくグレーに。秩序よりカオスに。解決より共感に。論理より感情が大切となる。件《くだん》の山本さんのように、効率性の後に無駄を加えてみると、それまで見えなかったものが見えることもある。

男社会の塩にまみれた男性は、オバちゃんトークにためらいがあるかもしれない。だが、ラポートトークはあくまでもスキルだ。特別に心を込める必要はない。「へー、そうなんですか」「それは大変ですね」と相づちを打つだけでもいい。そのついでに、「これってどうやるのかね?」と質問したり、時には「ありがとう」と言ってみたり。頭を下げるだけでもいい。要は、会社では無駄だと思っていたトークをすればいいのである。

そして、もう一つ忘れてほしい会社の常識がある。「仕事がデキるヤツ」でいる必要はないということだ。「結果を出さなきゃ」と前のめりになると、つい自分の存在意義を示したくて強がりたくなる。だが強さやカッコ良さより弱さやカッコ悪さに人は共感する。「あぁ、自分と同じだ」と安心するのだ。

シンプルかつ顔の見えるコミュニケーションを大切にすれば、周りが適応の手助けをしてくれるので、だまされたと思って半径3メートルの人たちとの関係性作りに専念してほしい。

さて、第1章、第2章と少々めいる内容が続いたので、次章では定年ぼっちに備える前向きな話をする。本書最大のテーマ「有意味感」だ。

残念なおじさん図鑑②

大手電機メーカーの営業部長だった68歳の恵二は、朝から夕方まで図書館で過ごすのが日課となっている。まず新聞を読み、あとはずっと歴史の本を読んでいる。図書館には自分と同じように過ごす同年代の男がおり、その男が寂しそうに見えるため、何だか気に食わないと思っている。

第3章

ぼっちは定年前から始まっている

――有意味感

働く人たち133人の生きた言葉

「クソッタレの世の中は実にひどい。この国もクソくらえさ。だけどな、消防士っていうのは、本物の何かをやっているんだ。火を消し、赤ん坊を抱えて飛び出し、死にかけたヤツに口移しの生き返り措置をする。いいかげんじゃダメだ。本物の相手だ。俺にはそういうのが夢なんだ」

これは今から40年ほど前に、消防士トム・パトリックが自分の仕事について語った内容である。

インタビューしたのは、スタッズ・ターケル。さまざまな職業を経てラジオ・パーソナリティーやテレビ番組のホストとして活躍し、後に「オーラル・ヒストリー」と呼ばれる独自のインタビュースタイルを確立した人物だ。

ターケルはヒッピーが登場し若者が働かなくなった米国で、１１５の職業、１３３人の人々に丸３年をかけてインタビューを繰り返し、１９７２年に『Working!』（邦訳『ＷＯＲＫＩＮＧ！仕事』）を出版。この本は、働く人たちの「語り」だけで構成され、読み手のそのときの心の状態によって、立ち止まる場所や受け止め方が変わる芸術的な書籍だ。

「これは仕事についての本であり、これは日々の屈辱の本でもある」とターケルが説くように、１３３人の生きた言葉には「仕事って何なんだろう？」という根源的な問いを突き付けるパワーと、それでも明日になればその問いの答えを置き去りにしたまま働き続ける人間の複雑な心理が１３３通りの言葉でつづられている。

「俺らは機械」と嘆く鋲《びょう》打ち職人、「わたしゃカゴの鳥」とさえずる銀行の出納係、「おいらはラバ」と口をとがらせる鉄鋼所の男、「私の仕事なんてサルでもできる」と自虐する受付嬢など、報われない日常への不満の声は枚挙にいとまがない。

そんな中に、不満を感じながらも日々の仕事に魅力を発見し、誇りを持って仕事をする数人の人たちがいた。その一人が消防士のトム・パトリックであり、ウエートレスのドロス・ダンテだった。

音を立てないウエートレス

ターケルは前書きで「消防士トム・パトリックの言葉がこの本の最後の締めくくりになっているが、この前書きの結論にもなるだろう」と記し、件の語りを引用した。「本物の相手」という独特の表現は、パトリックの仕事へのプライドの高さが紡ぎ出した言葉だ。

一方、23年間同じ高級レストランで週6日働くダンテは、きれいな身なりをした客たちが〝ただのウエートレス〟に向けるまなざしに我慢できない。

それでも彼女が毎晩ウエートレスの仕事を続けたのは、パトリック同様、自分の仕事に対する揺るぎないプライドだった。

「客にどうしてウエートレスなんてやってるんだ? って聞かれたときには、『あんた私の給仕を受けるのにふさわしいって思ってないんですか?』って、逆に聞いてやるのよ。私はね、皿をテーブルに置くとき、音ひとつ立てないわよ。グラスひとつでもちゃんと置きたいのよ。ウエートレスをやるのって芸術よ。バレリーナのようにも感じるわ」

職場＝レストランはダンテの舞台だった。彼女はウエートレスという役作りにいそしみ、客に仕えるウエートレスではなく客をもてなす完璧なウエートレスを演じていた。

パトリックとダンテ。彼らの語りからは人柄と、仕事を最高のものに仕立て上げ、賃金を超える立派な仕事をしようとする強い意志を感じ取ることができる。

パトリックとダンテにあって、不満だけを口走る人にないもの。

それが「有意味感」だ。

墜落事故と臆病な自衛官

有意味感は、目の前の仕事に完全燃焼することで高まる感覚である。

パトリックは燃え盛る火を消し人を救助するという仕事を、ダンテはウエートレスという一見単調な仕事を、一切手抜きをせずひたすら没頭することで意味を見いだした。

有意味感が高い人は、困難やストレスは自分への挑戦だと受け止め、最高の仕事にするためには困難に立ち向かう意味がある、と考えることができる。「これは私がやらなければならない仕事だ」という信念と、揺るぎない「人生の価値判断」の礎になるのが有意味感だ。価値観は英語では「values」と複数形だ。つまり、いくつもの「価値＝大切なもの」がある中で何を優先すべきか。その判断を、有意味感が高いと首尾よく行えるのだ。

以前、対談でご一緒した産業医で筑波大学教授の松崎一葉氏から、御巣鷹山のＪＡＬ墜落事故で救護活動に加わった防衛庁（現・防衛省）幹部の方の話を教えていただいたことがある。[※3]

墜落現場での作業は自衛隊の最前線のタフな人にとっても厳しいもので、幹部の男性は、「俺には耐えられない。俺には自衛官としての資質がない。このミッションをやり遂げたら、自衛官を辞そう」と初日に決意。そして、2日目からは何も考えず、無心で厳しい作業に取り組んだそうだ。

すると、２日、３日とやるうちに「この厳しい作業ができるのは俺しかいない。これをできるのは俺たちの部隊しかない」と思うようになった。その自信と誇りを持って最後までやり遂げ、ミッション後もその思いを胸に定年まで勤め上げたという。

どんな仕事でも、どんなに自分には無理だと思える大変な仕事でも、愚直に向き合い続けると有意味感は高まっていくのである。

完全燃焼せよ！

不思議なもので「どうせやっても報われないのだから、適当にこなせばいい」と割り切った働き方をすると次第に自分の存在意義がぼやけ、ますます仕事がつまらなくなる。逆に、あれこれ考えず無心に取り組むと暗闇に光が差し込むものだ。

人が見ていなくても最善を尽くしていると、そのことを分かってくれる人が必ずいて、そういう人たちの何気ない温かい一言で、「うん、またがんばろう！」とエネルギーが充電されたり、自分への誇りが芽生えたり…。

有意味感は「完全燃焼」と自己を取り巻く「半径3メートル世界」との関わりで引き出される生きる力だ。

そして、壁を越えるたびに有意味感は強まり、人生を豊かにするさまざまなリソース（資産）を獲得する原動力になる。とりわけ「自律性（autonomy）」は有意味感と極めて近い関係にあり、有意味感の高い人は自律性も高いことがわかっている。※4

プライドの正体

自律性とは「自分の行動や考え方を自己決定できる感覚」のことで、一言で言うと「自分への誇り」だ。プライドと言い換えてもいい。

プライドという言葉はよく使われるけど、どんな仕事でも、その仕事をあたかも偉大で崇高な仕事のように成し遂げることが「本物のプライド＝自律性」である。自律性の高い人は、他者の評価は評価として受け入れるが、がんばっている自分を肯定できるので、実に自由でたくましい。パトリックやダンテのように、だ。

リソースは、専門用語ではＧＲＲｓ（Generalized Resistance Resources：汎《はん》抵抗資源）と呼ばれ、世の中にあまねく存在するストレッサー（ストレスの原因）の回避、処理に役立つもののこと。お金や体力、知力や知識、社会的地位、サポートネットワークなども、全てリソースだ。

「普遍的（generalize）」という単語が用いられる背景には、「ある特定のストレッサーにのみ有効なリソースではない」という意味合いと、「あらゆるストレッサーにあらがうための共通のリソース」という意味合いが込められている。平たく言い換えれば、「いくつもの豊富なリソースを持ち、首尾よく獲得していくことが重要」なのだ。

また、リソースは対処に役立つことに加え、身体的、精神的、社会的な満足感を高める役目を担っている。例えば、貧困に対処するにはお金（＝リソース）が必要だが、金銭的に豊かになれば人生満足感も高まるといった具合だ。

目指せ！　小さな英雄

「一つの会社で勤め上げて、はい、おしまい！」という働き方が終焉《しゅうえん》を迎えた今、自律性こそが生きていく上で極めて重要なリソースであることは言うまでもない。

「自律性」があれば、いかなる集団に属しても世間の視線に惑わされることがない。会社と一体化するのではなく、会社と自分を共存させる働き方ができる。自律性の高い人は、どんな厳しい状況でも自分を信じ、挑み続ける人。そういった芯の強さは、他者評価があふれる情報過多社会では実に魅力的だ。少々夢のある解釈をすれば、有名にならずとも「小さな英雄」に導くのが自律性なのだ。


ところが、会社というのは実によくできたシステムで、あたかも自己決定したような感覚を味わわせてくれるイベントがいくつもある。例えば、新規事業のプロジェクトに関わったり、会社の代表として海外赴任したり、新卒や中途人材の採用を担当することも、自分で決めた感覚を堪能できる。

おまけに、社会的地位や高い収入などの外的な豊かさは、誠実さや勇気、謙虚さや忍耐といった人が持つたくましさを劣化させる。かくして「権力」に執着し、会社や上司の価値判断に身を委ねるようになってしまうのだ。

つまるところ、会社に忠実な「組織人」ほど自律性が脆弱で、「会社員でいること」を目的にする働き方になる。会社から戦力外扱いされると、ほのかな確かさが奪われていく。何をすればいいのか分からなくなり、自分の存在意義でさえあやふやになっていくのだ。

私は結局、会社のコマ

――32歳の時に出産し、1年3カ月休んだのち復帰しました。ところが受け入れてくれる部署がなかった。ちょうど人事異動の時期と重なってしまったんです。人事部長に「備品管理の仕事だったらある」と言われたときはショックでした。10年間馬車馬のように働いてトップを走ってきたのに、なんでたった1年休んだだけで戦力外通告されるのか。全く腑《ふ》に落ちませんでした。

それで自覚したんです。自分は会社のコマでしかないんだなぁ、って。

でも、仕事は好きだったので会社は辞めたくなかった。なので元上司に食い下がって、なんとか前の仕事と関連のある部署に引き取ってもらいました。

そこで出会った上司に「腐らず今できることをやれ」と言われたんです。私も後がなかったので死に物狂いでやりました。結局、私は13年間、その部署で仕事に没頭し、社長賞を2回もらいました。

ところが上司が定年退職して、後任の上司に飛ばされた。左遷先はそれまでの経験が全く役に立たない部署です。また一からやり直しです。45歳でそれって結構キツくて。ただ、会社の不条理は思い知らされてますから、とにかく一生懸命仕事をするしかないと目の前のことに集中する一方で、入社当時から行きたかった部署に異動願を出し続けました。

海外出張が多い花形の部署です。そうでもしないとモチベーションが保てなかったんです。そしたら、なんと1年後に辞令が出てしまった。いわゆる玉突き人事です。巡り巡って、私に白羽の矢が立った。いい意味でも悪い意味でも会社にとって私はコマ。人事って本当に適当だなぁってつくづく思います。

私は会社員でいることを誇りに思っていますし、この会社だからこそできる仕事がある。ですから雇用延長して、美しくソフトランディングしたいと思っています。

もし、会社から追い出されたら、そのときはそのときで、またがんばればいいのかなぁって。定年後への不安はあるけど、人生への不安はありません。30代の時に絶望を味わっているので、なんとかなると思っています――

マスコミ関連会社勤務　まゆみさん（仮名）54歳

自分を貫く

30代で居場所を失うという理不尽を味わったまゆみさんは、出世は諦めてもキャリアは諦めなかった。「組織人」ではなく「仕事人」として生きる選択をした。

なんらかの壁が目の前に立ちはだかり、思いどおりにならない事態に遭遇すると、つい都合のいい言い訳をしてしまいがちだ。「女だから」「年だから」「こんな会社だから」「時代が悪いから」「政治家が悪いから」などとエクスキューズ（excuse）をつけ、ただただ天を仰ぐ。

だが、壁があることで気付くこともあるし、壁に遭遇することで引き出される力もある。

まゆみさんの場合は、しょせん「会社のコマ」という切実な現実と、「この会社で仕事をしたい」という強い意志だった。彼女の強い意志を感じたからこそ上司は彼女を叱咤《しった》激励し、その教えを彼女は素直に受け入れ踏ん張った。まさに「自律性」だ。

おそらく多くの人たちは「子育てしながら働くのは無理」だの「主婦業に専念した方がいい」だの言ったに違いない。だが、彼女は「自分」を諦めなかった。たった一人の応援団（＝上司）がいるだけでも、自分を貫き通すことができる。

そして、「そのときはそのときで、またがんばればいい」と明るく言い放てるたくましさを彼女は手に入れ、「キャリア（＝人生）は自分次第」という揺るぎない価値基準を持つに至ったのだ。

50歳で男はなえ、女はパワーアップする

「50代の男性会社員と女性会社員」の意識を比較した興味深い調査がある。

調査を行ったのは公益財団法人21世紀職業財団で、調査対象は50歳時に３００人以上の企

業に正社員として勤務している（あるいはしていた）50～64歳の男女の２８２０人だ（「女性正社員50代・60代におけるキャリアと働き方に関する調査―男女比較の観点から―」）。「50代問題」や「働くシニア問題」はこれまで当然のように「男性の問題」として捉えられてきた。しかしながら、男女雇用機会均等法施行から30年以上がたち、50代の正社員の女性が増加。そこで50代、60代の働く女性の実態を把握し、女性の活躍につながる施策を模索しようと調査を実施したという。

かくいう私もインタビューの協力者は男性が圧倒的多数なので、必然的に男性の事情や立場を踏まえて50代問題に言及してきた。

だが、そんな中でも少数派の女性協力者（インタビュー対象者）にあって、男性にないものを肌で感じ、それが女性特有のものなのか、はたまたマイノリティー特有のものなのか判別できなかった。

そのもやもや感を、数値で明確に示してくれたのが３４０ページにわたるこの報告書だ。男性と女性とで明らかに仕事の向き合い方に違いがあり、女性のたくましさと男性特有の切なさがデータからにじみ出ていたのである（以下、報告書より抜粋）。

・「各年代で重視していたことは？」という問いについて、男性では「成長」「仕事の面白さ」「信頼」が20代をピークに年々低下していく。これに対して、女性では「成長」「仕事の面白さ」については、40代までは低下するものの50代で上昇。「信頼」については、30代でいったん低下するものの、その後は50代にかけて上昇していた。
・「昇進・昇格」を重視した年齢は、男性では30代がピークだったのに対し、女性では40代がピークだった。
・「仕事を辞めなかった理由」を聞いたところ、男性の7割が「家族を養わなければならなかったから」と答えたのに対し、女性では「経済的に自立したかったから」が5割でトップ、「社会とつながっていたかったから」と続いた。
・働く価値観について、男性では「難しい仕事に挑戦」「昇進・昇給」が全体的に高いのに対し、女性では「良い人間関係」「仕事と家庭の両立」が高い傾向が認められた。
・モチベーションが最も高かった時期と比べ、「現在の方が低い」と答えた人の割合は、男性総合職では45・8％だったのに対し、女性総合職は21・6％。

・「今後もスキルを深めたり発展させたい」とした割合（そう思う＋ややそう思う）は、男性総合職が58・1％だったのに対し、女性総合職は70・6％。

・定年後のキャリアの希望について、「現在の会社で再雇用」は男性総合職は43・6％、女性総合職34・4％。「転職」は男性総合職19・5％、女性13・9％。「分からない」は男性総合職は19・9％、女性総合職は30・1％だった。

あれこれ数字を一気に並べ立てたが、結果を大ざっぱにまとめると……、

「50代の女性会社員はまだまだ元気です！　向上心も成長欲も50歳になっても女性は衰えません！　ただ、定年後の働き方は結構、悩んでます！」という元気な女性たちの姿が、男性と比較することで浮かび上がってきたのである。

「組織人」する男と「仕事人」する女

調査対象の50～60代の女性たちが若かった頃は、前述したまゆみさんがそうだったように

子育てと仕事を両立するには相当の覚悟と努力が必要だった。マタハラ（マタニティーハラスメント）は当たり前だし、産休にギリギリまで入らず、育児休暇も取らずに復帰した女性も少なくない。実際、子供をもつ女性が46・8％いるのに「産休・育休」を取得した50代女性はわずか16・7％だった（前述の調査より）。

「女」という自分ではどうすることもできない「大きな壁」は、想像以上に険しく高かったに違いない。でも、その壁を乗り越えた経験が、女性たちの受容する力と生き延びるたくましさを高めた。女性たちの自分を諦めない生き方が、向上心や成長欲の維持につながったのだ。

一方、男性は40代で自分の会社での立ち位置が見えてしまい、やる気を失ったり、自分で限界を定めてしまったり。その反面「このままで終わっていいのか？」と自問し、それでも家族のために稼ぎ続けなければならない現実に苦悩する。

日本がいまだに男社会であるが故の男性の生きづらさ。医学の急速な進歩で寿命が爆発的に延びたところで、ビジネスの論理から言えば50代は嫌われてしまうという厳しい現実……。

そういった社会環境が男性会社員の心を弱らせる。

つまるところ、女性は会社で「仕事人」になるが、男性は会社で「組織人」になる。女性には子育てや近所とのつき合い、年老いた親の世話など、仕事以外の日常があるけど、男性の日常は会社のみ。女性は母として、娘として、マイノリティーの女性会社員としての自分世界を生きるが、男性は会社員としての自分世界だけを生きる。

もっともこういった性差は、ジェンダーと「会社のマッチョタイム＝男社会」に起因しているので、男性でも病気や左遷などをきっかけに、早い段階でイス取りゲームから撤退し、「仕事人」にかじを切る人もいる。

いずれにせよ、彼女らや彼らのような「仕事人」には共通して、「境界（boundary）」の中に仕事と家庭がある。先の調査でも、多くの女性が働くときに「良い人間関係」「仕事と家庭の両立」にプライオリティを置いていたように、仕事生活と家庭生活で、半径3メートルの人間関係を大切にしているのだ。

家庭、仕事、健康の幸せのボール

境界とは「人生においてその人が主観的に重要と考える領域」のことで、平たく言えば「自分世界を支えている大切なもの」を意味している。

私たちは境界線の内側にある「自分の人生にとって大切なもの」に対しては、それがそこにあることに感謝し、慈しむことができる。いかなる困難や苦悩に遭遇してもその大切なものを守るために最善を尽くし、大切なものが境界内にちゃんとあることで、幸福感は高まっていく。

境界の概念を説いたユダヤ系米国人の健康社会学者アーロン・アントノフスキー博士は、「人生において大切だと主観的に考えられる領域を一切持たない人は生きる力が弱く、その人のストレス対処力が高くなる見込みは絶望的なほどにない」と説いた。その上で、境界内に「身近な人とのつながり（＝家族・友人）、社会との関わり（＝仕事・ボランティア）、生命の尊さ（＝健康）」の３つの要因を含むことの重要性を訴えた。

私たちは「自分世界を支えている大切なもの」に気付いてこそ、困難や苦悩を乗り越えられるのであって、「大切なものがない」あるいは「何が大切なのか見極められない」状態では前に進むことができない。曖昧な不安だけが募り、消耗する。不安の反対は安心ではなく、前に進むこと。前向きに対処できれば余分な不安はそぎ落とされる。

つまるところ、境界内に「家庭」「仕事」「健康」の3つが内在しない限り、生きる力は引き出されない。「家庭」「仕事」「健康」という3つの幸せのボールを、ジャグリングのように回し続けることで、私たちは自分らしい幸せな人生を歩むことが可能なのだ。

地獄とは他人である

フランスの哲学者、ジャン＝ポール・サルトルは、社会におけるまなざしを「regard」と名付け、「人間は気付いたときにはすでに、常に状況に拘束されている。他者のまなざしは、私を対自から即自存在に変じさせる。地獄とは他人である」と説いた。とりわけ「半径3メートル世界」のまなざしの影響は極めて大きい。

その他者のまなざしの殻を破り、「自分」を取り戻すトリガーが有意味感であり、自己の価値基準になるのが「境界」である。

「働かないおじさん」という言葉に代表されるように、50代の社員に社会が注ぐまなざしは極めて厳しい。だが、そんな状況でも境界が明確になれば、自分にとって意味ある出来事にだけ取り組むことができる。そして、自分の周りを取り巻く世界から逃げ出すのではなく、自分が納得できる世界を作れば、自然と社会のまなざしは気にならなくなる。納得できる自分でいるために没頭すれば、自分が何にむなしさを感じていたのかさえ忘れるのだ。

9：1の法則

境界は人生のステージが変わることで、境界内にあるものを外に出したり、外から取り込むことが必要となる。有意味感の高い人は、実に巧みにこの出し引きを行っている。

例えば、完全リタイアが迫ったときに、それまでは境界内にあった〝有給の仕事〟を境界の外に排除し、代わりに〝無給の仕事（ボランティアなど）〟に入れ変え、具体的に動き、精を出すことで、幸福感を持続させることができる。

「家族を養うために仕事」をし、会社での地位確立が自分の価値の一つになってきた男性にとって、役職定年などで賃金が下がることを受け入れるのは難しいかもしれない。過去の自分より賃金が低いだけで、自分の価値が下がった気がしてしまうかもしれない。職場の同僚や学生時代の同級生がたくさん稼いでいるのを見ると、嫉妬してしまうかもしれない。周りからさげすんだ目で見られれば悔しいいし、焦りもする。

だが、人間の能力なんてしょせん大して変わらないのだ。いま一度、立ち止まって、大切なものは何か？　と自問し、自分の判断を信じてほしい。10個のうちのたった一つに向き合い、没頭すれば有意味感は高まっていく。まさに「9：1の法則」。力強く、ゆっくり時間をかけ向き合っていけば、やがて誇りになる。その具体的な意味付けが、50歳からの人生の質を大きく変えるのだ。

人生のつじつまを合わせる

前述したまゆみさんをインタビューしてから半年後に突然連絡があった。

がんが見つかってしまったという。幸いにも初期だったので2週間ほどの入院で完治できるとのことだったが、彼女から届いたメールには、次のように書かれていた。

——医師から告げられたときは涙が止まりませんでした。今は落ち着き、仕事もがんばってます。でも、50代という年齢はこういうものなのかなぁと思っています——

「涙が止まらなかった」——この言葉の裏で、いったいどれほどの戸惑いと憂いを抱えながら寝床についた日々が繰り返されたのだろうか。「50代という年齢はこういうものなのかなぁ」——こんなふうに受け入れられるまで、どれだけの覚悟が要っただろうか。

人事もたまさかなら、人生も想定外の連続である。それでも彼女は、自分なりにつじつまを合わせた。彼女は境界に3つの幸せのボールがあることを慈しみつつ、彼女なりに境界の「大切なもの」の出し入れを行ったのだ。

※３　河合薫の新・リーダー術上司と部下の力学「クラッシャー上司が『社員は家族』を好む理由」
https://business.nikkei.com/atcl/opinion/15/200475/032000098/?P=1

※４　K.Kawai: Process Evaluation of a Web-based Stress Management Program to Promote Psychological Well-being in a Sample of White-collar Workers in Japan.2010

残念なおじさん図鑑③

定年してから家事を手伝うようになった61歳の紀夫。ただ1日中妻の傍を離れず、何かと口出しするため、妻はうんざりしている。親しい友人がおらず、定年者向けサークル、ボランティア活動などをしていないため、妻に付きまとうことでなんとか時間を潰している。

第4章

死ぬより怖い「ぼっち」の世界

――アイデンティティーの喪失

「もう、いっかな」と思う瞬間

思えば私もずいぶんと長いこと「若手」だった。

若手時代は失敗しても「まだ若いから」と大目に見てもらえたし、トンチンカンなコメントをしても「若さだよね」などと、逆に褒められたりもした。若いというだけでちやほやされ、年上の女性から「若くていいわね」というトゲあるお言葉に、なぜか、自尊心をくすぐられたりしたものだ。

ところがあるとき、ふと自分がもはや「若手」ではないことに気付かされる。私がくだらないバカ話や自虐ネタを言ったときに相手がリアクションに困っていたり、必死でフォローしてくれるのを目の当たりにするとデジャブを感じるのだ。おじさんの面白くないダジャレにウケるフリをしていたお天気お姉さん時代、おじさんの自慢話や人生訓を「そうですね！」攻撃でさばいていたコメンテーターデビュー時代、年齢の「ね」の字も考えなかった頃の記憶が走馬灯のようによみがえる。そして、「ああ、もう私たちの時代は終わったのだ」と暗《あん》澹《たん》たる気分になる。

だけども、5分もたてば「このままで終わってなるものか」と前のめり思考が呼び起こされる。が、悲しいかな、もはや持続させるパワーも劣化しているので、「もう、いっかな」なんて気持ちになることもしばしば。地に足がつかない、ふわふわした居心地の悪さだけが残っていく。

アイデンティティーの再構成――海図なき航海の始まり

40代後半から50代のいわゆる中年期は、ミッドライフクライシス（中年の危機）、キャリアの危機、人生の午後、思秋期など、さまざまな呼び名がある「人生の転換期」だ。

職場での立ち位置の変化や体力の低下に加え、恩師の訃報が届いたり、同級生が亡くなったり、内的にも外的にもネガティブな経験が増える。親にも変化が現れ、父親の背中が妙に小さく見えてしまったり、母親が同じ会話を繰り返すようになったりと、人生の時間的展望も微妙に変化する。若い時にはほとんど意識しなかった喪失感が身近になり、曖昧な不安に駆られるのだ。

図表1｜私の概念図

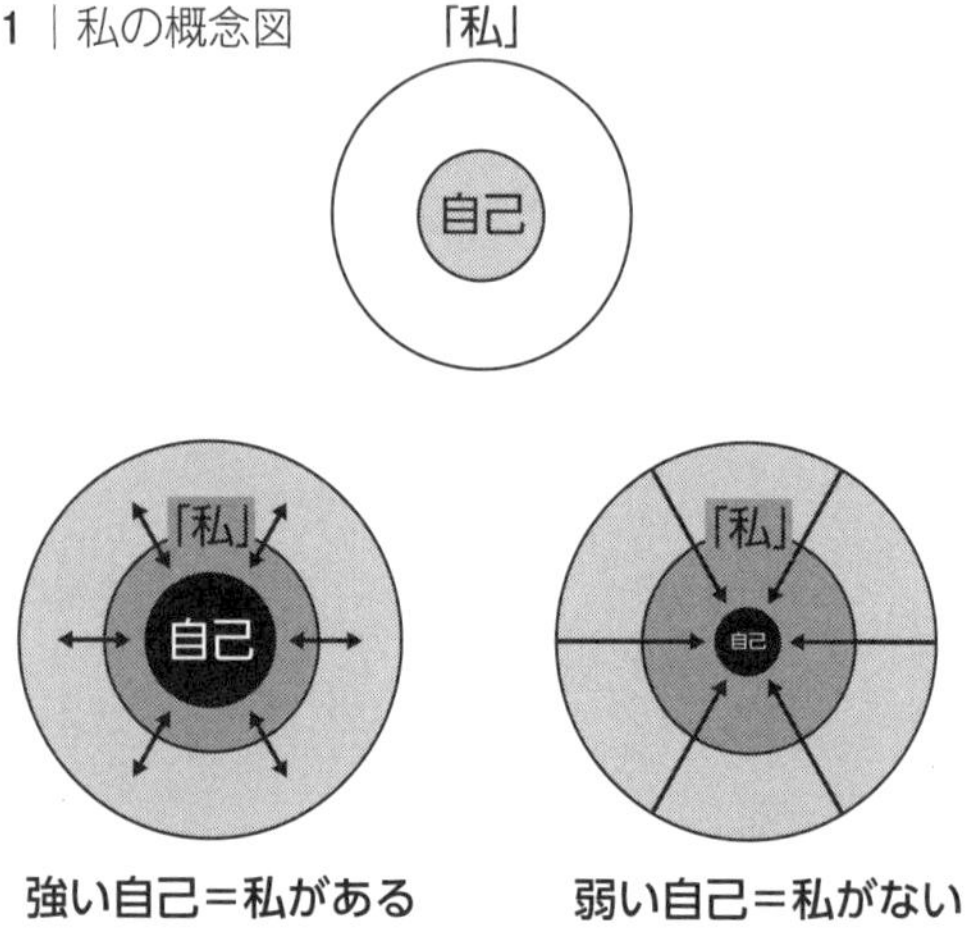

このような状態は、アイデンティティーの危機と呼ばれ、これを機に成熟に向かうか、退行し干上がってしまうかの分かれ道になる。

アイデンティティーという言葉から青年期をイメージするかもしれないけど、実際にはアイデンティティーが揺らぐようなライフイベントが人生にはいくつもある。とりわけ中年期は職業人としても家庭人としても変化するお年頃のため、アイデンティティー再構築のための海図なき航海を余儀なくされる。ここでアイデンティティーと意識的かつ積極的に向き合えるかどうかで、人生の後半戦が決まると言っても過言ではない。

中年期の危機を成熟した人間への転機にするには、「共同体の中にいる自分を見つめるまなざし」が必要不可欠となる。自分磨き（＝自己アイデンティティー）に精を出すだけではなく、他者といい関係を作り、「関係性に基づくアイデンティティー」を確立しなければならない。

アイデンティティーは、「自己アイデンティティー」と「関係性に基づくアイデンティティー」の2つの柱で確立されている。自己中心的な発想を超えて、後輩のため、子供のため、地域社会のため、他者のために役立とうとすることで、初めて人間的に成熟する。

イチローが会見で語ったアノ言葉

昨年、第一線からの引退を表明したイチロー選手が、「ニューヨークに行った後ぐらいからですかね。人に喜んでもらえることが一番の喜びに変わってきた」と引退会見で言っていたのを覚えているだろうか。

あの発言こそが、関係性に基づくアイデンティティーだ。イチロー選手は、「半径3メートル世界」の他者に役立つ行いをすることで、アイデンティティーを再構築した。スーパースターのイチロー選手でさえ、共同体の中にいる自分を見つめ、中年期の危機を乗り越えた。

少々ややこしい話ではあるが、「私」は「私」だけじゃない、自分を取り囲む社会（＝家庭環境、職場環境など）に存在する有形無形の環境要因が複雑に絡み合い作られる（図表1）。どんなに「俺は一匹おおかみだぜ」と豪語している人でも、他者との関係性の質が「私」に強く影響する。

ところが他者との関係性は目に見えないため、「関係性に基づくアイデンティティー」を構築できず、「孤独」に引きずり込まれることが往々にしてある。

特に役職定年などで不安定な立場になると、モチベーションが下がり、独りよがりの言動に走りがちだ。他者との関わりを避けるようになったり、人目を避け漫画喫茶や図書館で時間をつぶすことも増えたり、孤独のネガティブスパイラルに入り込んでいくのだ。

孤独は皮膚の下に入る

孤独とは「『社会的つながりが十分でない』と感じる主観的感情」で、家族といても、職場にいても、時として堪え難くなるネガティブな感覚である。

孤独感を慢性的に感じていると、それが血流や内臓のうねりのごとく体内の深部まで入り込み、心臓病や脳卒中、がんのリスクを高めるほど心身をむしばんでいく。

・孤独を感じる人は死亡リスクが26％高い
・孤独感は血圧の上昇、ストレスホルモンの増加、免疫力の低下をもたらす
・孤独感はアルツハイマー病や睡眠障害につながる
・乳がん生存者のうち、孤独感の高い人はそうでない人に比べ再発リスクが高い
・孤独感は１日15本のタバコを吸うのと同等の健康被害をもたらす
etc etc.……。

これまで蓄積されてきた孤独研究の中で「孤独」のプラス面は科学的には一切確認されて

いない。

米国のブリガムヤング大学のホルト・ランスタッド博士らの分析では、孤独に関連する病気のリスクは65歳以上よりも65歳未満の方が高いことも分かっている。さらに、一人暮らしなどの「社会的孤立」でも死亡リスクが高まるとしている。

SNS社交という茶番

社会的動物である私たちは他者と協働することで、生き残ってきた。共に過ごし信頼を保つことで安心を得てきた人間にとって、共に過ごす他者の欠如は絶え間ない不安をもたらし、大きなストレスになる。

ストレスを慢性的に感じていると体の免疫システムが弱まり、さまざまな感染への危険が高まったり、脳卒中などのリスクが高まる。また、心理的なダメージからウツ傾向になったり、認知機能が低下する場合もある。

皮膚の下まで入り込む孤独は、もはや心の病ではなく肉体的な病なのだ。

人間は独りで生まれ、独りで死ぬし、つかの間の孤独感は日常にありふれているので、つい、私たちは「それも人生」と受け入れてしまいがちだ。だが「孤独」と「つながり」はコインの表と裏ではない。両者が矛盾なく、同時に成り立っている状態こそが精神的にも身体的にも社会的にも健康な状態なのだ。

また、ＳＮＳは他者と簡単につながるツールではあるが、むしろ孤独感を助長する場合がある。ＳＮＳの利用頻度の高い人は低い人と比べ、うつ病になるリスクは２・７倍（ピッツバーグ大学医学部の研究チーム）、フェイスブックの利用が増えれば増えるほど幸福感が低下することも分かっている（ミシガン大学の研究チーム）。

現実社会で豊かなつながりがある人は、ＳＮＳを通して関係をさらに広げ、深めることができるが、現実生活でつながりが乏しい人の場合、現実社会の周囲との関わりを希薄化させ、孤独感が増大するという研究もある。[※5]

文字だけのコミュニケーションだと頭はつながったと理解しても、心はそう知覚できない。

同じ空間にフェイスtoフェイスで共に過ごす経験がないと私たちは相手を心から信頼できず、孤独感が逆に深まってしまうのである。

イジメと同期カルチャー

孤独はうつ病に並ぶ現代病の一つといわれるほど、世界の先進国で広がっている。例えば、米国では「重要な問題を話し合える相手がいない」と答えた人が、30年前には10人に1人だったが、今では4人に1人。米国の医療保険大手のシグナの調査では、米国人の約半分が「時々、あるいは常に孤独を感じる」と回答している。

英国では国民6600万人のうち900万人がなんらかの孤独に悩まされ、2018年には世界に先駆け、孤独に対処する孤独担当大臣を置いた。ドイツでも孤独に苦しむ国民が増えていて、「孤独対策の担当省の設置を！」という意見も出てきているという。

日本では「孤独」は、男性、とりわけ中年を過ぎた男性をイメージさせる言葉として、ここ数年注目されてきた。本屋に行けば孤独本があちこちに積まれ、男の孤独特集がさまざまな雑誌で組まれている。「日本の男性は先進国で突出して友人や同僚と過ごすことのない人の割合が高い」だの、「中高年の引きこもりが多いのは日本だけ」だの、「日本の男性は先進国の中で最も他者を信頼していない」だのと、もっぱらおじさんの孤独っぷりが問題視されてきた。

しかしながら、高齢者の孤独死や10代の自殺、不登校や引きこもりの増加といった社会問題からも明らかなように、実際に孤独に悩むのはおじさんだけではない。それでも中年男性の孤独に関心が集まるのは、日本の職場が持つ孤独なおじさんを量産する組織構造のせいだと私は考えている。

例えば「同期カルチャー」だ。

入社当初は一斉にスタートする同期社員たちが30代になると、順調に昇進する人と一般社員にとどまる人に枝分かれする。やがて昇進したグループでも、部下がいる人といない人、結果を出し続ける人と結果を出せなくなる人、役職定年になる人とならない人など、同期内格差が生まれ微妙な関係になる。

レースから脱落し、負け組になった人は自分に向けられる同情のまなざしに耐えられない。孤独はめんどくさい人間関係からの離脱でもあるため、自ら不機嫌な孤独なおじさんに走りがちだ。左遷や役職定年をきっかけに孤立化する人も少なくない。

一方、勝ち組になった人は、「自分は負け組ではない」とアピールしたいがために同期をくさすような言動を取ることがある。「勝ち組の下っ端でもいいから、ぶら下がっていたい」という切ない願望がそうさせるのだ。

——役職を外れて、私は後輩のサポートをしたいと考えていました。ところが与えられるのは一人で切り盛りする仕事ばかりで、周りとの接触は一切なし。データ入力やら、関連会社との会合をセッティングをする仕事を全て一人でやらされました。

「若手を1人つけてほしい」とお願いしても無視。全員から無視されました。何よりもショックだったのは……、最初に無視した〝上〟が、自分の同期だったことです。

周りとの接点を意図的に断絶させられる苦痛は計り知れません。自分の存在がなくなるのです——

家電メーカー勤務　春田さん（仮名）55歳

こう話すのは大手家電メーカーのシニアスタッフの春田さん、55歳だ。

同期カルチャーの顚末《てんまつ》が幼稚なイジメを生むとは残念極まりないが、これが人間の弱さだ。自分の存在を誇示するために、同期は春田さんの足を引っ張った。「上」にいる同期も、「常に上に居続けないと、負け組に落ちていくのではないか」と内心おびえているのだ。

特許を取り左遷された男

――ずっと技術屋です。モーター設計や開発がメインです。会社本体でやることもあれば、子会社に行かされることもあった。その時々のプロジェクト次第で、あっち行ったりこっち行ったりしてきました。プロジェクトリーダーなんかも次々と任せてもらいました。

特許、いくつも取りましたよ。技術屋っていうのは、常に先を見て技術を磨いていかなきゃなんだけど、まぁ、それがうまくいってたってことですよね。

ところが48歳の時に左遷されてしまった。その半年前に大きなプロジェクトを成功させて、特許も取って、世界との競争で傾きかけていた会社を救う製品開発をしたのに……突然の左遷です。

そりゃ、面白くないですよね。なんで俺が？　って頭きたし、周りの視線も耐え難かった。半年間くらいは腐ってましたね。でも、腐るのも結構疲れるんですよ（笑）。なのでしがらみがなくなった分、面白がってやればいいじゃないかって開き直りました。

でね、気付いたんです。ああ、俺は浮いていたんだな、って。プロジェクトは成功させたけど、後輩たちにスキルの伝承をしてなかった。技術移転をしない俺には場所がなかった。飲み会も行かないし、後輩を連れていくこともなかった。一匹おおかみを気取ってたのかもしれません。

結局、最後は品質管理に行かされたんだけど、不思議と会社員生活でこの時が一番楽しかったんです。自分が培ってきたノウハウを後輩に教えて、彼らの仕事をサポートしてね。負け惜しみではなく、こういう経験を最後にさせてくれた会社に感謝しています。

定年後は海外で起業してる知人に呼ばれて、2年ほど働きました。

海外に行くと、自分からコミュニケーションをとらないと全く仕事にならない。でも、品質管理のときに、自分から積極的に後輩たちと接点を持つことをやっていたので、案外抵抗なくできました。

俺がいることで何かが回るっておもろいなぁって、つくづく思います。これからも相手に喜んでもらえる仕事を収入のあるなし関係なく、おもろい玉虫色の部分を考えながらやっていくつもりです――

個人事業主　石黒さん（仮名）63歳

悪い孤独と良い孤独

こう話す石黒さんは大手自動車メーカーを定年退職し、現在は個人事業主として仕事をしている63歳の男性である。たくさんの技術を開発し認められ、社会的地位を確立してきた石黒さんにとって、左遷は自分の存在意義を失うほどの危機だった。だが、自己との対話に成功し、「俺が俺が」と突っ走ってきた自分のふがいなさを受け入れた。周りの視線が耐え難い孤独な日々を、他者との関係性＝関係性に基づくアイデンティティーを作ることで脱したのだ。

石黒さんのエピソードから分かるように、孤独は自分と向き合う大切な時間でもある。しかし、孤独を良い孤独にするには、「自分に足りないモノ」を受け入れる必要がある。このプロセスは「自己受容（self acceptance）」と呼ばれ、自分のいいところも悪いところもしっかりと見つめ、自分と共存しようとする感覚である。

私の個人的な感覚では、40代以上で自己受容ができている人は、謙虚で有意味感も高い。彼らは決まって周りといい関係を築き、周りから慕われる人だった。

心の上司

どうあがいたところで50歳を過ぎれば、会社からは評価されなくなるし、年収は下がっていく一方だ。そんなとき自分の世界を「会社」という単位から「半径3メートル」に小さくし、目の前にいる後輩や同僚との関係性を変えてみると意外な褒美が手に入ることがある。世界を相手に戦っていた人には信じられないかもしれないけど、半径3メートルの他者からの「ありがとう」という一言は、最高の褒美だ。

そして、その経験をきっかけにしがらみのない自由を楽しめるようになれば、中年期の危機を脱することができる。

「俺がいることで何かが回るっておもろい」――。

こう思える経験が、成長と成熟につながっていくのである。

私がインタビューしてきた人、特に40代以上の人たちは「何か問題や困難に遭遇したときに思い浮かべる上司がいる」という人が多かった。役職に就き、大きな決断をしなければならないときに、「若い頃、世話になった○○さんならどうするかな」と脳裏に浮かんだり、社内で左遷と思《おぼ》しきポジションに異動させられたときに、久しぶりに連絡が来て「腐るな！踏ん張れ！」と励ましてくれたり。そんな「心の上司」を持っていた。

「部下からどんなに慕われたり、感謝されたところで、部下はね、やがて忘れるんだよ。せいぜい何十年か後に訃報を聞いて葬式に出るくらいかな」と苦笑いする人も多い。だが、どうしても最後のお礼をしたいから、心の上司にどうしても最後のお別れをしたいから、部下は葬式に足を運ぶのだ。「語る言葉のある人」たちに見送られる故人を羨ましく思った経験は誰にでもあるのではないか。狙ってなれるものではないけど、誰かの「心の上司になって欲しいと心から思う。

妻に嫉妬する男たち

中年期の危機では、家庭の関係性の見直しも重要となる。しかしながら、夫婦ともに中年期なので実にややこしい。男と女どちらも限りある人生を自覚するようになり中年期の危機が始まる点は共通しているのだが、アイデンティティーの方向性が違うため、擦れ違ってしまうのだ。

男性の場合、これまで関わってきた仕事などの業績や、職場での立場を問う形で生き方の見直しが行われるのに対し、女性では人生全般の生き方・あり方の見直しが行われる傾向が強い。

女性は母として、妻として、女として、そして職業人としてこれでいいのか？　納得できる人生とは何か？　という自問を何度も繰り返す。特に育児や夫のために、自分のキャリアを諦めた経験がある女性は、「自己アイデンティティー」確立への欲求が強い。家族の中だけにとどまる自分にピリオドを打ち、より広く社会に自分の経験を還元したい、ボランティアなどの社会的な活動にもっと関わって社会の役に立ちたい、と社会の中の自分にこだわるようになる。

さらに、女性は男性より敏感に中年期の危機を察し、学び直しに大学院に進学したり、自ら転勤を志願したり、おじさんたちがダラダラと飲んだくれている時間を自己実現の時間に充てることが多い。

その一方で女性は、子供の問題や親の介護問題に直面し、中年期に再び家庭生活の比重が高まることがある。しかしながら、第3章で書いたとおり女性は人生の早い段階で、「キャリア（＝人生）は自分次第」ということに気付いているので、大学院進学を資格取得に変えたり、再就職をＮＰＯの活動参加にするなど、方向転換する中で自分の可能性を最大限に生かそうとチャレンジする。

夫が職場で孤立感を高め家庭のプライオリティが高まる時期に、妻は家庭から外の世界に居場所を求めるのだから妻が夫を煩わしいと思うのは必然である。一方、夫は外で居場所を得て生き生きとする妻に嫉妬し、夫婦関係が険悪になったりと、中年期の夫婦関係は実に微妙なのだ。

夫に耐えられない妻たち

「卒婚」とは、フリーライターの杉山由美子氏が著書『卒婚のススメ』（2004年刊）の中で使った造語だ。婚姻状態にある夫婦が互いに干渉することなくそれぞれの人生を歩んでいく生活形態＝卒婚は、瞬く間に社会的に認知され、卒婚人気は年々高まっている。

明治安田生活福祉研究所が40～64歳の男女1万2000人に「卒婚」について尋ねたところ、女性は7～8割が「良い」または「どちらかといえば良い」と肯定的に捉えていたのに対し、男性は5～6割だった。どちらも年齢が高いほど卒婚を肯定的に捉える人が多かった。

また、28・1％の子供がいる既婚の女性が「自分や配偶者の定年を機に離婚をしようと考えたことがある」と答えたのに対し、子供がいる既婚の男性は19・6％。定年離婚を考えた理由は、男性では「愛情が感じられない（愛情を感じない）」というポエム的回答が多数だったのに対し、女性は「退職後に一緒に生活するのが耐えられない」という、生理的な拒絶反応を示す言葉が相次いだ（「人生１００年時代の結婚に関する意識と実態」）。

夫からすれば「家族のためにこんなにがんばってきたのに……」と釈然としないかもしれないけど、妻だって家族のためにがんばってきた。一人きりで家事や育児に悪戦苦闘し、夫に子育ての悩みを聞いてほしいのにないがしろにされ、孤独に苛まれたことも一度や二度じゃなかったかもしれない。職場では「女だから」と制限され、家庭では「お母さんだから」と責任を押し付けられ、常に苦痛と現実を自分の中で合理的に処理して、家族を支えてきた。妻たちはいいかげん自由になりたいのだ。

かといって、今更三くだり半を突き付けて子供たちに心配をかけたり、田舎の両親に「離婚してお墓はどうする？」なんて言われるのも面倒くさい。今の形を続けるのは嫌だけど、終わらせるのもちょっとだけ怖い。そんな妻たちにとって、卒婚という新しい夫婦関係はうってつけだった。

定年退職して妻孝行しようと思っていた男性にはキツい話ではあるが、「家庭の居場所づくり」は職場の居場所づくりと同等、いやそれ以上に厳しい課題なのだ。

定年は絶好の卒婚チャンス

男と女が長年続いてきた関係性を主体的に変えるには、なんらかのきっかけが必要となる。その絶好のチャンスが「定年」であることは言うまでもない。

・「○○会社の山田太郎」が聞いたこともない小さな会社の山田太郎になることに耐えきれず見切りをつける妻。

・「地元に戻って後輩の事業を手伝いたい」と夫に夢を語られ「今更田舎暮らしなんてまっぴら。行きたきゃ勝手に行って！」と突き放す妻。

・家で過ごす時間が増え「家庭内管理職」のごとく夫から監視され愛想を尽かす妻。

etc.……。

自分が本当にやりたいことを諦めてきた妻の中には、夫の社会的地位や子供の進学先など

「属性」に固執することで、自己アイデンティティーを保ってきた人もいる。人は利益より損失に強く反応し、年を重ねるほど環境が変わることにストレスを抱くため、なおさら夫が「今より下の属性」になることに耐えられない。妻の脳裏に「卒婚」の二文字がよぎることになってしまうのだ。

夫たちの中には「65才でリタイヤするつもりだったのに、定年廃止になりそうなんです。奥さんに知れたら、まだまだ働かされちゃう」などと切ないことを言う人もいる。夫婦のことは夫婦にしかわからないが、どうか「アイデンティティーの性差」を意識して上手くやってほしい。

「卒妻」宣言と小者感

卒婚を切り出さないまでも、「卒妻」を決意する人は実に多い。「自分のご飯くらい作れるようになりなさい！」「洗濯くらいやってよ！」「自分のことは自分でできるようにしてよね！」と夫に自立を促し、自分も主婦業を定年退職する。身もふたもない言い方になってしまうけど、夫の稼ぎが減るのだから、自分の負担も減らしたいのだ。

夫はそんな妻たちのプレッシャーをヒシヒシと感じつつも、奥さんたちに交じってスーパーで買い物をする自分、妻の洗濯物を干す自分、卵をレンジにかけて大爆発させてしまう自分を想像するだけで、小者感に襲われ情けなくなる。するとこれまた困ったことに、偉そうな態度をとったり、家庭内管理職に走ったりして、「俺、ここにあり!」的言動がエスカレートする。揚げ句の果て、卒婚や離婚への道をたどる事態に陥るのだ。

「キノコのホイル焼き」の幸せ

——定年後雇用延長しました。帰りが早くなりましてね。共働きの妻から家事を分担しようと提案されたんです。私は仕事しかできない男でしたから、家事なんかできません。でも、仕方がないので料理教室に行くことにしました。

そしたらね、みんな同じような輩《やから》ばっかだったので、結構面白くて。中には料理に目覚めて、マイ包丁まで買っている人もいました。先生も若い女性でしたので、楽しかったですよ。

火曜日と木曜日は私が夕飯担当です。

昨日は、鮭とキノコのホイル焼きとナスのフライパン焼きを作りました。

妻が「おいしい」と言ってくれるのがうれしいです——

IT関連企業勤務 山中さん（仮名）62歳

定年退職した翌日から以前と変わらず山中さんは出社したが、仕事は減り、座っているだけの時間が増えたという。私がインタビューの最後に必ず聞く「あなたにとって仕事とは何か？」という質問に、彼はこう答えた。

「仕事は自分のように仕事しかできない仕事人間に、居場所を与えてくれるものだった。仕事は面白いだけじゃダメ。与えられたことはとことんやらなきゃダメ。とことんがあだになったこともあったけど……」（by 山中さん）

彼は自分に与えられた仕事にプラスαを加えた働き方をする一方で、空いた時間の「半径3メートル世界」を動かした。「仕事」一辺倒だった生活に「家庭」のボールを加えたのだ。

実は男もしんどい日本社会

オランダの社会心理学者ヘールト・ホフステード博士の半世紀にわたる調査研究の蓄積から、日本は世界的にも「男性性」の高い国であることが分かっている。米国、英国、中国、メキシコ、ドイツなど男性性の傾向を持つ国々よりも日本はダントツに高いのである。

・専業主婦社会が理想
・社会的には強い者、秀でた者が支持される。
・働くために生きる。仕事は人生にとって重要な要素。
・女の子は泣いてもいいが、男の子は泣いてはいけない。

これらは「男性性」の強い社会の特徴である。

日本社会に根付く男性性の強さが骨の髄まで刷り込まれた夫たちが、価値観を変えるのは難しいかもしれない。

本来であれば、妻から言われる前、例えば役職定年などを契機に家庭を重視する働き方にかじを切ればいいのだが、男性性が邪魔をして、逆に仕事に依存する人も少なくない。だが、山中さんがそうだったように具体的に動けば同輩がいる。半径3メートルを動かせば、男性性から解放される。「仕事人間」という言葉からは想像できない世界が広がるのだ。幸せは日常の中にあり、その幸せに気付けば妻との関係性も案外スムーズに再構築できるのではないか。

余計なことを娘の立場から言わせてもらうと、父親にはせめて自分のご飯くらいは作れるスキルは持っていてほしい。私の父は男子厨房《ちゅうぼう》に入らず世代。いったい何度「母が先に逝っちゃったら」と心配しただろうか。結果的に、私の場合は取り越し苦労に終わったけど、子供のためにも未知の世界に踏み出していただければ幸いである。

健康を決める力

ここで人間の健康（身体的、精神的、社会的）が、「健康」と「健康破綻」を両極とする1本のレールでつながっているとイメージしてほしい（図表2）。

図表2｜健康生成論

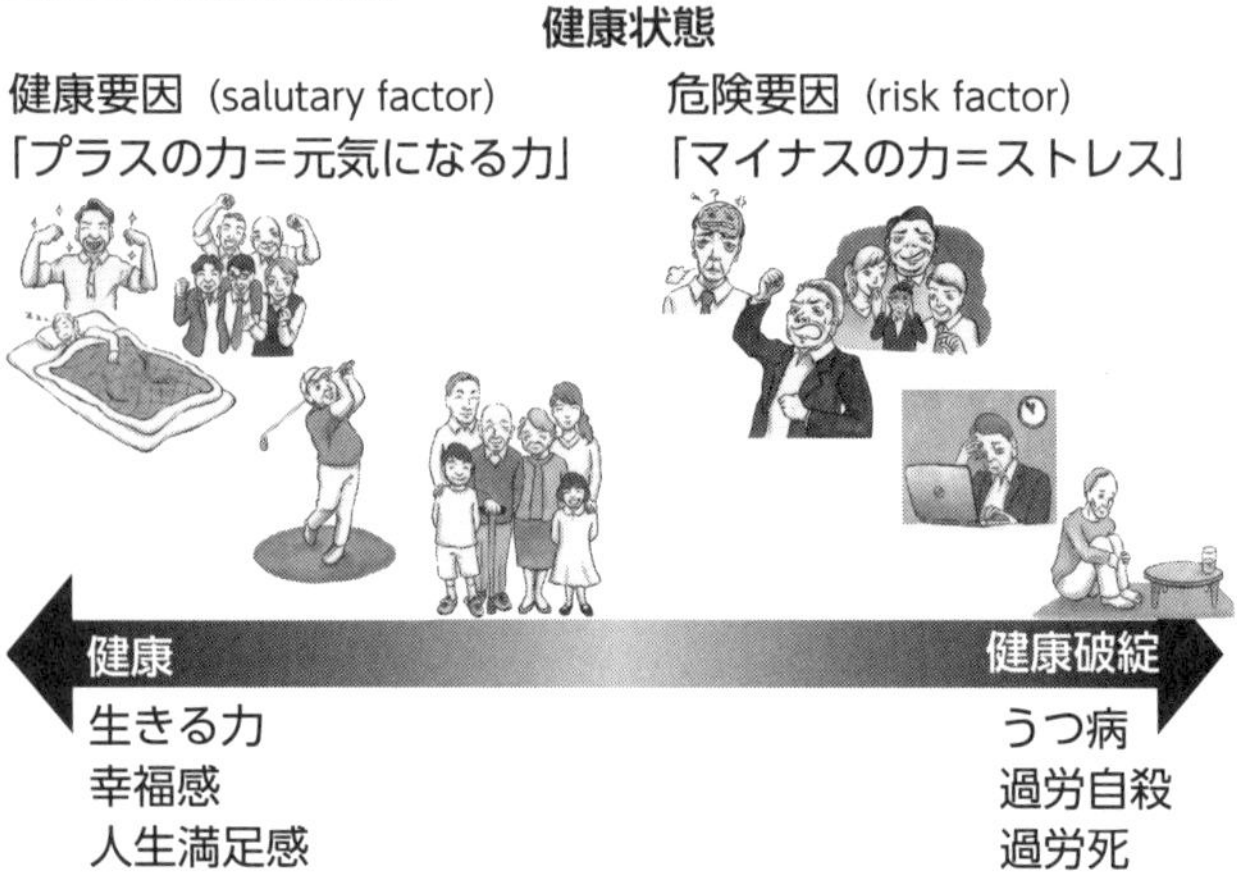

健康破綻の方向に引っ張るのはマイナスの力。これは俗にいうストレスで、長時間労働や高すぎる営業目標、ギスギスした人間関係、さらには、孤独感といった主観的感情もマイナスの力となる。ストレスに慢性的に引っ張られると次第に心身がむしばまれ、胃潰瘍、高血圧、頭痛、不眠症、イライラといった心身症状が出るようになる。最悪の場合、うつ病や過労自殺、過労死といった健康破綻に至る。

一方、「元気になる力」は、健康に引っ張るプラスの力だ。元気になる力に引っ張られると心身が健康になり、人生が豊かになる。職場での裁量権や良い人間関係は元気になる力だし、趣味や休息も元気になる力。また、心の筋肉（＝心理的well-being 48ページ参照）も元気になる力となる。

つまり、たとえ孤独感に苛まれる状況になっても、元気になる力がたくさんあれば、生き生きと健康に生きていくことができる。

私たちの肉体は永遠じゃないので、働く時間が延びれば多かれ少なかれなんらかの健康障害を抱えることになる。しかしながら、どんな病魔に侵されても、元気になる力があれば人生に喜びを感じながら生きることができる。反対に、どんなに肉体的な健康を維持しても、元気になる力が欠けると心は病み、苦痛に満ちた生涯を過ごすことになる。

ナチスの収容所から生還した人が教えてくれたこと

このような考え方は「健康生成論」といい、第3章で紹介したアントノフスキー博士がナチスの強制収容所から生還した人々を対象に行った健康度調査がきっかけで生まれた概念である。

ナチスの強制収容所といえば財産を奪われ、家族と引き裂かれ、家畜同様の扱いを受け、満足な食事も与えられず、極寒の中で過酷な肉体労働を強いられるマイナスの力だらけの耐え難い環境である。

アントノフスキー博士は健康度調査を実施するに当たり、「そんな経験をした人が正気でいられるわけがない」と仮説を立てた。実際、調査に参加した人の多くが精神的に病み、社会に適応できていなかった。

ところがその中に「健康」を保っている人が29％、全体の3割も存在した。しかも驚くことに彼らは「収容所の経験は自分の人生には必要なもので、意味ある経験だった」とアントノフスキー博士に語ったという。

なぜ、彼らは元気でいられたのか？

なぜ、彼らは過酷な経験に意味があるなどと言えたのか？

もしかすると、人間にはストレスを退治するパワーがあるのではないか？

人間には困難をパワーに変えてしまう力があるのではないか？

そう考えた博士は、彼らの「健康の謎」を解くために10年がかりでインタビューを繰り返し行った。そして、たどり着いたのが1本のレールという考え方だった。

健康を維持していた人たちは「元気になる力」を持っている人たちで、彼らは強制収容所という過酷な環境に入れられても、それまでの人生で得た元気になる力を心のよりどころにして耐えた。強制収容所という暗黒の世界でも、どうにかして〝光〟を見つける努力をしていたのだ。

ある人は「私は地下組織に参加し、武器の使い方を学ぶことで正気を保った」と語り、ある人は「一緒に立ち向かう仲間が私を支えた」と語り、ある人は「もう一度家族に会うためにひたすら耐えた」と答えた。また、ある人は「監視兵がそっとパンの切れ端をくれたんだ」と、自分を苦しめる敵が見せた優しさに気付くことで踏ん張った。

アントノフスキーは、「健康と健康破綻はコインの表と裏ではない」と説く。健康と健康破綻は連続体状に存在し、真の健康は「元気になる力」なくして手にいれることはできないとし、「健康生成論」を提唱したのだ。

定年ぼっちでも大丈夫！

元気になる力は、環境が個人に与える「外的な力（＝外的資源）」と、個人に内在する「内的な力（＝内的資源）」に分けることができる。

外的な力は、

・高い社会的評価（収入、学歴、役職など）
・自由に決められる権利（＝裁量権）
・人を動かす権利（＝権力）
・能力を発揮する機会
・サポートしてくれる人
・信頼できる人

・家族
・お金や住居
・趣味
・衣類・食事

などの社会的資源や物質的な資源だ。

一方、内的な力は、

・自律性（＝自分の行動や考え方を自己決定できる感覚）90ページ参照
・自己受容（＝自分と共存しようとする感覚）１２４ページ参照
・人生における目的（＝どんな人生を送りたいかはっきりしている）
・環境制御（＝どんな環境でもやっていけるという確信）
・積極的な他者関係（＝温かく信頼できる人間関係を築いているという確信）１４２ページ参照
・意志力（＝人生上の価値観）１６３ページ参照

・人格的成長（＝自分の可能性を信じること）182ページ参照

といった認知的な資源に加え、遺伝的体質や気質も含まれる。

雇用延長であれ、再雇用であれ、長年働いてきた職場で「定年」という区切りを迎えると、孤独を感じる瞬間はどうしたってある。もっとも中年の危機自体が、喪失期に入ったことを意味しているので、孤独とは切っても切れない関係にある。

だが、そんな状況になっても、元気になる力があれば大丈夫だ。元気になる力を見つけ、増やす努力をすれば、孤独は自分と向き合う大切な時間となる。孤独感に苛まれ健康破綻する心配はない。

特に「信頼できる人がいるという確信（＝積極的な他者関係）」は、何事にも勝る内的な力だ。そして、それは他の内的な力を維持することにもつながり、豊かな人生の扉を開くパワーになる。

人生を幸福にするのは「人」

どんなにカネや名誉があっても「信頼できる人がいるという確信」を持てない人の人生は孤独だ。どんなに外的な力を豊富に手に入れても、半径３メートルの人間関係が破綻していると人は幸せになれない。

世界的に有名で、私自身さまざまな著書で取り上げているグラント研究では、「人を幸福にし、健康にするのは、温かな人間関係だった」という、極めてシンプルな結論に至っている。

ハーバード・メディカル・スクールの研究者たちが、１９３８年から75年間以上、２つのグループにおける心と体の健康を追跡したところ、「家族や友人、会社や趣味の仲間たちとつながりを持っている人」は健康で長生きで、経済的にも成功している人が多く、「身近な人たちといい関係にある人」は、生活の満足度が高く、「いざというときに頼れる人がいる」という人は幸福感が高く、脳も元気で、記憶をいつまでも鮮明に持ち続けていたのである。

「孤独って周りは関係ないんです。自分で壁を作ってるだけ。自分が孤独感を規定するんです」

自分中心主義のマネジメントで部下たちから反感を買い、会社を追われた知人がこう話してくれたことがある。彼は1年間の引きこもり生活を経て、今は小さな会社で経験を生かし、後進たちを育成する仕事に励んでいる。

彼が孤独から脱したのは、たまたま電話をかけてくれた友人にすがったことだった。私たちの心の奥底には、誰かを信頼し人間関係を築くための回路が、先天的に組み込まれている。

男性性の強い日本社会で、自分の弱みを見せることをためらう男性は多い。だが、すがろうとまとわりつこうと何をしてもいいので、どうか一人きりでがんばらないでほしい。傘を借りる勇気を持ってほしい。そして、時にはあなた自身が誰かの傘になってください。

できる子からの脱落で初めて気付くこと

――前日の夜までいつもどおり酒を飲み、締めにラーメンまで食べて深夜に帰宅しました。

その翌日、救急車で運ばれた。55歳の時です。

当時は人間関係や仕事の評価などでストレスがたまっていて、暴飲暴食・睡眠不足の日々でした。今思えば、大したことではないのですが、当時は思い悩んでいました。年下にどんどん追い抜かされたことは、自分が考える以上にストレスになっていたんだと思います。

入院と自宅療養で、3カ月間会社を休みました。仕事では周りに迷惑をかけたけど、なんとかなりました。ただ、医者から「一歩間違えば死んでいた」と言われて、「自分」というリソースが物理的に有限のものであり、これは大事に使わないともったいないと思うようになった。

自分の好きなこと、将来に必要なことは何だろうと見直しました。新しく勉強しないといけないという焦りも強くありました。まだ子供たちは大学生ですし、この後本当に普通の生活ができるのだろうかという不安もありました。

一方で、発病するまではあまり家族を顧みなかったことに対する反省と感謝は強く感じました。

倒れて気が付いたのは、自分の心の底にあったエリート意識です。ちょっと偉そうに「できる子、できない子」という見方で仕事も見ていて、自分は「できる子」という意識があった。ところが、仕事も生活も体も「弱くて、ダメな方」に回ってみると、景色が変わって見えた。階段に手すりがあるのはありがたいし、車いすが進めない設計の公共施設などが目につくようになったりしてね。

自分は「できない子」であるという状況を受け入れるには、時間がかかりました。どうしても、過去の「できた自分」と比較してイラついたり、悩んだりの繰り返しだった。

でもね、健康のために始めたマラソンが、少しずつでも走れるようになって目標を持って走るようになって。ダメな自分でも少しずつ成長していけるんだって、感じるようになった。やっとダメな自分と向き合えるようになったように思います――

大手マスコミ勤務　吉田さん（仮名）58歳

悲しいかな、人は当たり前が失われて初めて「大切なもの」に気付く。自分のありのままを受け入れるのも、結構難しい。だが、人生はらせん階段を上るようなもの。「家庭」「仕事」

「健康」という3つのボールを自分のペースで回し続ければ、「自分のやるべきこと」が見える。今までとはちょっとだけ違うしなやかな自分に出会えるのである。

※5　Kraut, Patterson, Lundmark, Kiesler, Tridas & Scherlis, 1998

残念なおじさん図鑑④

大企業で経理部長だった61歳の純一は、定年1年前から肩書がなくなることに強い不安を覚えていた。そのため密かに自分の名刺を多めに刷り、定年後は初めて会う人すべてに名刺を配って過去の自慢話をするようになった。そんな奇行を不快に思ってか、仲良くしてくれる人はいない。

第5章

人生に意味を作る

自己実現という妄想

50代の人たちが新入社員だった頃、会社は自己実現の場だった。「24時間働けますか?」を合言葉に、よく仕事し、仕事の延長線上でよく遊んだ。会社にはカネがあふれ、タクシーやら飲食代は全て交際費で落とせた。新しいこと、面白いことにチャレンジするのも、会社が後ろ盾になってくれた。

定年の日だけを待つ窓際族のオジさん社員やら、何をやってるか分からない油を売るオジさんをはた目に、「自分はもっともっと成長できる。自分はもっともっと稼ぐことができる。自分らしい人生を手に入れることができる」という根拠なき自信を胸に、若き日の50代は闊《かっ》歩《ぽ》した。

しかしながら、それは時代がくれたつかの間の夢だったと、今になって分かる。

私の友人がおばあちゃんから、「アンタ会社で自己実現するとかつべこべ言うな。会社はアンタのためにあるんじゃないよ! 会社さまのために働いてお金を頂くんだよ」と怒られたことがあったが、あの時代は会社人間=アナログ世代から、会社と距離を置くデジタル世代に移る変遷期。自己実現という妄想に浮かれバブルの毒が全身に回った50代には、こんなご時世が来るとはみじんも想像できなかった。だからこそ「現実を見てない」などと、下の世代から批判されてしまうのだけど。

――50歳を過ぎるとね、なるべく目立たないようにしようと思うんですよね。若い時って、自分の存在をいかに周りに知らしめるか、みたいなところがあるでしょ？ それが最近は目立たないようにそっと息を潜めています――

商社勤務 青木さん（仮名）55歳

こう話すのは、役職定年になった青木さん、55歳だ。組織に残り続けるための最高のおきては「決して目立つな」ということだと、青木さんは繰り返した。

その気持ちは分かる。でも、残念ながら息を潜めてやり過ごせる時代はとっくに過ぎた。いや、彼はむしろそのことが分かっているからこそ、息を潜める自分が許せないからこそ、他人から指摘される前に自分を卑下したのかもしれない。

いずれにせよ、能天気に会社にしがみついていると世間から盛んにやゆされる50代社員も、私が知る限り、みんな結構がんばっている。ずぶずぶの年功序列で上司に連れ回された最後の世代だけに、彼らには後輩を気にする優しさもある。ちょっとだけ擦れ違いがあるにしても、だ。

根拠なき楽観の危さ

50代の多くは、何者でもない自分を恥じる気持ちと、自分のやってきたことへの自負心が複雑に絡み合い踏ん切りがつかない。このままで終わってなるものかと現状を打破したい気持ちと、それでいて具体的な解決策が見えないもどかしさにあえいでいる。

しかしながら、彼らには決して消えない心がある。

それは、「なんとかなるんじゃないか」という楽観である。

厳しい時代に翻弄《ほんろう》され、社会に期待など一切せず、必死に生き抜いてきた氷河期世代にはみじんもない50代の「根拠なき楽観」。それが、50代の真の力を弱らせている。

会社はもう何もしてくれない時代に突入しているのだ。そろそろ血流や内臓のうねりのごとく体内の深部に根を下ろしている「なんとかなる（＝根拠なき）」という楽観を捨て、現実と向き合った方がいい。ありのままを受け入れない限り、変化は決して起きないし、成熟することもない。厳しい現実に向き合うのは、血が飛び散るほど痛いかもしれないけど、人間はそれを成長につなげる治癒力を持ち備えている。

後進たちの見本となるような生き方・働き方が、50代に求められている。その期待を胸に、今こそ自己実現のスイッチを押すときだ。他でもない。スイッチは「あなた」にしか押せないのだ。

クリスマスに大量の死者が出たワケ

強制収容所に入れられた体験を持つ、オーストリアの精神科医で心理学者のV・E・フランクル博士は、「人生を意味あるものにするには、具体的に活動することだ。自分の活動を通じて、もっと有意義で、もっと意味に満ちた人生を送ることができる」と説いた。

先のことなど誰にも分からないのだから、その都度、具体的に動いてみる。自分にできそうなこと、やってみたいことを、自由に選択し、行動する。それが結果的に、人生に意味をもたらすのだと、フランクル博士は一貫して主張し続けた。

本書で度々登場しているアントノフスキー博士もユダヤ社会で生き、フランクルの影響を強く受けた理論を展開している。特に世界的にベストセラーとなったフランクルの著書『夜と霧』には、アントノフスキー博士の理論のベースとなっている健康生成論（137ページ参照）と、その中核をなす概念であるSOC（Sense of Coherence：首尾一貫感覚）に通じる知見が散見される。

アントノフスキーとフランクルの両博士には共通して、「真のポジティブな感情は、どん底の感情の下で熟成される」という考え方がある。「生きてりゃしんどいこともあるよ。それはそれとして、明るく生きようぜ！」という全ての人に宿るたくましさを、フランクルもアントノフスキーも重んじ、個人と環境の関わりに着目したのだ。

「1944年のクリスマスと1945年の新年との間に、収容所ではいまだかつてなかったほどの大量の死亡者が出ている。医師の見解によれば、それは過酷な労働条件によっても、また悪化した栄養状態によっても、また悪天候や新たに現れた伝染疾患によっても説明され得るものではなく、むしろこの大量死亡の原因は単に囚人の多数が、クリスマスには家に帰れるだろうという、世間で行われる素朴な希望に身を委ねた事実の中に求められる」

これは『夜と霧』の中で、根拠なき楽観の危さについて書かれた一説である。強制収容所生活の苦しさから逃れるために、「クリスマスには戦争が終わり、家に帰ることができる」とひたすら根拠なき楽観にすがる囚人たち。彼らは、クリスマスが刻々と近づいてきても強制収容所には何一つ明るい情報が来ない現実に失望し、落胆した。苦し紛れの現実逃避は、生きようとする力さえも奪い去ってしまうのだ。

思考のコペルニクス的転回

フランクルは言う。「囚人に対するあらゆる心理治療的あるいは精神衛生的努力が従うべき標語としては、おそらくニーチェの『なぜ生きるかを知っている者は、ほとんどあらゆるいかに生きるか、に耐えるのだ』という言葉が最も適切であろう」と。

人が持つ強さ、困難を乗り越えるしなやかさは、日々の生活をきちんと生きることで維持できる。いかに厳しく、理不尽な毎日であっても、それに向き合うことが1日1日を生きるエネルギーになる。反対に、気休めの慰めや根拠なき楽観にすがると、内的エネルギーが消耗される。外的な希望は一時的な励みになるけど、その周りには目に見えない霧のようなものがまとわりついていて、生きる力が摩耗されるのだ。

そして、フランクルはカントに倣って思考の「コペルニクス的転回」という発想の下、実に示唆ある金言を残している。

「人生に何かを期待するのではなく、人生があなたに期待しているのだ」と。

人生は毎日毎時あなたに期待しているのだから、その期待に正しい行動で答えよ！　人にはそのたくましさが内在している、と論じたのだ。

キャリアは七色、可能性は無限大

「人生」を「キャリア」と置き換えて考えてみよう。ただし、キャリア＝仕事ではない。ここでのキャリアとは、生まれてから死ぬまで、家庭や社会におけるさまざまな役割の経験を積んでいくことを意味している。

最初のキャリアは「子供」。母親の胎内から飛び出した瞬間から始まり、それは「息子」「娘」というキャリアの始まりでもある。やがて「学生」「市民」というキャリアが加わり、数年後には「職業人」「母」「父」に、「ボランティア」「余暇を楽しむ」なんてキャリアも始まり、ついには「老人」というキャリアが待ち構えている（図表3）。

そういった人生のある年齢や場面でさまざまな役割を演じるのがキャリアだ。その時々で「キャリアが、私に何を期待しているか？」を考え、自分が大切だと思うことを信じ、具体的に動くことをくりかえす。すると、まるで虹のように自分なりの「キャリア・レインボー」が作られていく。

図表3｜ライフキャリア・レインボー

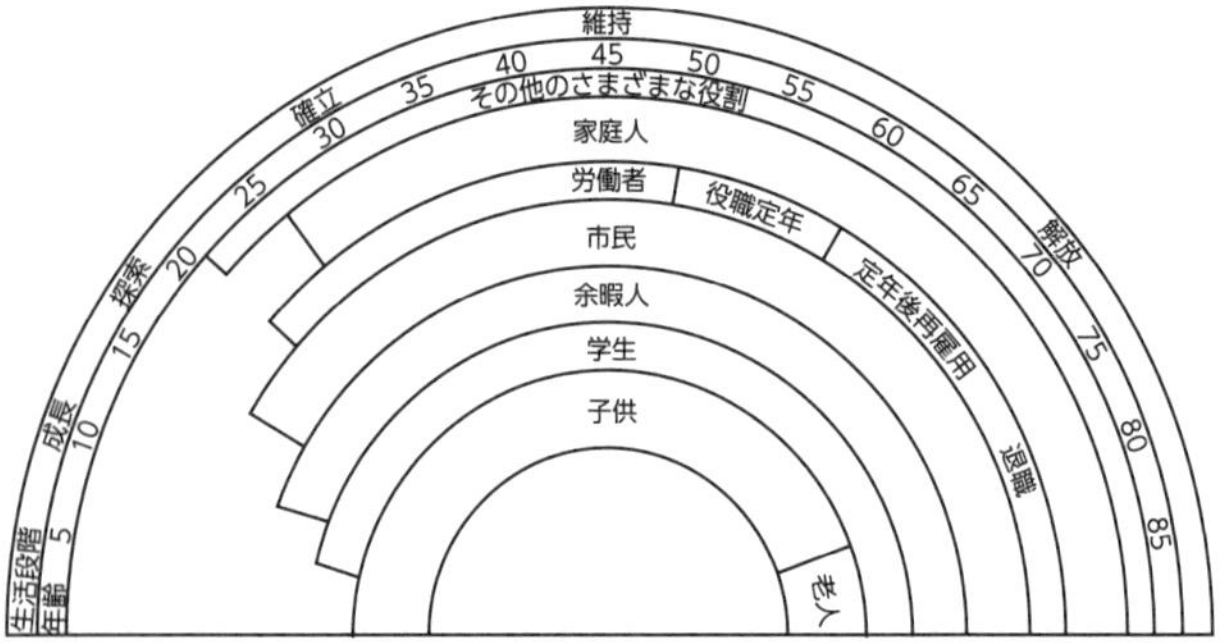

「The Life-Career Rainbow (Nevill & Super, 1986)」を一部改訂

少々個人的な話だが、私が米国の教育学者、ドナルド・E・スーパーが提唱するこの「ライフキャリア・レインボー」理論に出会ったのは、大学院に進学した最初の夏だった。当時の私は自分が行きたくて必死で受験勉強して進学したくせに、「こんなしんどい思いして、意味があるのか？　今やってることって、本当に仕事につながるのか？」と心もとない気持ちになることが度々あった。

そんな私にとって、キャリア・レインボーは救世主だった。「キャリアとは、人生のある年齢や場面のさまざまな役割の組み合わせ」という考え方には目からうろこが5枚くらい落ちたし、気持ちが楽になった。

そっか、今は「学生」として目の前のことを一生懸命やればいいんだ。時には「学生」を離れて家事を一生懸命やればいい。時には、大好きな人のために料理を作って「彼女」を演じたり、ボランティアに参加したり、七色の虹のごとく、いろいろな色で自分の人生を彩ればいい。うん、そうだよ。だって全てがキャリアなんだもん。今できることを、きちんときちんとやっていけば「働く人」としてのキャリアにもプラスになる――。

こう思えるようになった。仕事をセーブして大学院に進学しようと決めた最初の決心がよみがえり、どこからつつかれてもひるむことのない、きちんとした研究者になろうと覚悟したのである。

キャリアが七色なら、会社だけが人生ではない。「私」の可能性は無限大に広がっていく。いくつになっても学生になれるし、どんな仕事だってチャレンジできる。年齢で可能性を制限されることがなくなるのだ。

その時々で、今、やるべきキャリア、やりたいことに没頭すればいい。そうすることで「結構、面白い人生だった」と、穏やかに「私」を褒められる日が来るに違いない。

「人生＝キャリアはチャンスにあふれているのだから、責任を持って生きなさい！」と、叱咤激励も込めて、フランクルはコペルニクス的転回を唱えた。私はそう理解している。

人助けをした囚人

フランクルは「人生の期待に応えた男の例」として、ある囚人の話を取り上げている。無期懲役の刑を受けたある男性が、囚人島に船で移送されるとき火災が起きた。男性は救出作業に加わり10人もの命を救い、その働きに免じて、恩赦に浴することになった。絶望の淵で、誰もが心の奥底に秘める「誰かに必要とされたい、世の中の役に立ちたい」という願いを男性はかなえ、一瞬の正しい行いによって人生に光がともったのだ。

どんな明日が待ち受けているかなど、誰にも分からないことだ。一方、「半径3メートル世界」では全ての人に、代理不可能なやるべきことが存在する。むやみに将来を悲観したり、安易に楽観するのではなく、具体的に動けば唯一無二の存在になれる。その時々で完全燃焼すれば、キャリア・レインボーはピカピカに光り輝いていく。

くしくもこの原稿を書いている最中に医師の中村哲氏が、アフガニスタンで銃撃され亡くなったというニュースが飛び込んできた。「１００の診療所より1本の用水路を」と訴え、荒れ果てた土地に緑とアフガニスタンの人たちの生活を取り戻した中村医師は、生前こう話していた。

――この土地で「なぜ20年も働いてきたのか。その原動力は何か」と、しばしば人に尋ねられます。人類愛というのも面映ゆいし、道楽と呼ぶには余りに露悪的だし、自分にさしたる信念や宗教的信仰があるわけでもありません。

（中略）

でも、自分なきあと、目の前の患者や旱魃にあえぐ人々はどうなるのか、という現実をつきつけられると、どうしても去ることができない。無論、なす術が全くなければ別ですが、多少の打つ手が残されておれば、まるで生乾きの雑巾でも絞るように、対処せざるを得ず、月日が流れていきました。自分の強さではなく、気弱さによってこそ、現地事業が拡大継続

していることが真相であります――（ペシャワール会報81号より）

偉大で世界中から尊敬される中村医師もまた、「半径3メートル世界」を大切にし、具体的に動いた人だった。中村医師のように誰もがなれるわけではない。だが、人生の問いに、愚直に答え続ける誠実さを見習うことは誰にでもできる。

スーパーボランティアに見た「意志力」

〝スーパーボランティア〟として一躍脚光を浴びた尾畠春夫さんを覚えているだろうか。

尾畠さんは２０１８年8月、山口県で行方不明となった2歳の男の子を無事救助したことで注目された。１５０人が3日間捜索しても見つけられなかった男の子を、尾畠さんはたった一人で30分後に抱きかかえて戻ってきた。「これまでの経験と勘が偶然ぴったり合った」と、謙虚に語る尾畠さんの言葉と屈託のない笑顔は多くの人を引きつけた。

この神業的救出劇がきっかけで尾畠さんは時の人になる。だが、尾畠さんはどんなに世間が持ち上げようとどこ吹く風。〝スーパーボランティア〟が流行語大賞になったときは「わしはスーパーでもコンビニでもない」と笑い飛ばし、年末には「〝スーパーボランティア〟、あれがなければ最高にいい年だった」と語るなど、あくまでも自分の価値観を貫き通した。

そんな尾畠さんは幼少期に農家へ奉公に出され、28歳で鮮魚店を開く。「自分は学がないから人より5年長く働こうと思った」と65歳の時に店を閉め、かねて夢だった日本縦断徒歩の旅に挑戦する。そして、２０１１年3月の東日本大震災を機に「今までたくさんの人にお世話になった。恩返ししたい」とボランティアをスタート。その延長線上に男の子の救出劇もあった。

メディアがマイクを向けるたびに、「お金は生きるだけあればいい。私は自分が正しいと思うことをやってるだけ。当たり前のことをしてるだけ」と繰り返したのも、ボランティアが尾畠さんにとって「やらなければならない仕事」だったからであり、尾畠さんの一貫した生き方を支えているのが、内的な力の一つ「意志力（grit）」である。

自分の価値判断で生きる

意志力にはさまざまな解釈があるが、ここでの意志力とは「自分がどうありたいか?」といった仕事上の、いや人生上の価値観である。

強い意志力があれば強い自己を作ることができる。「強い自己」とは、「自分がある」とか「自分がない」という表現で使われる「自分」と同義だ（112ページ図表1参照）。

強い自己を持つ人は、自己と他者を分かつのではなく、時に自分の弱さを認め、時に他者の力を借り、常に自分に足りないものを補強し成熟する。

意志力が明確になればなるほど、自分がやるべきこと、やらなくてはならないことが具体的になり、動きたくなる。そのプロセスを繰り返す中で、「求められる役割をしっかりと演じさえすれば居場所と存在意義を見つけられる」という穏やかな自信が高まっていく。

中年期を過ぎると環境が慌ただしく変化し、予期せぬ喪失感に苛まれる日々が増える。そんなとき、強い意志力があれば世間の価値判断に翻弄されることがない。意志力が人生の羅針盤となり、人生に意味と一貫性を持たせる選択ができるようになる。

意志力は例外なく誰もが持っているのだけど、大きな川にうまいこと流され続けていると輪郭がぼやけることがある。逆に、何か大きな決断を迫られたときに「こうありたい自分」のカタチが見えたりもする。あるいは、無心に目の前の仕事に没頭することで、自分の意志力を知覚できることもある。


つまり、意志力とは自己認識であり、自分を知ることで具現化できる。

例えば、自分史を書くことは自分を知るのに役立つし、文章にしなくても履歴書のように、「年月・会社／所属／役職・仕事の内容・人間関係」を書くだけでもいい。また、生まれてから現在までの人生のバイオリズムを描くのも自分の知識になる。横軸を年齢、縦軸を心の状態とし、ラインを描く。その中で最低だったときと、最高だったときの具体的なエピソードをまとめるといい（図参4）。

図表4｜人生のバイオリズム

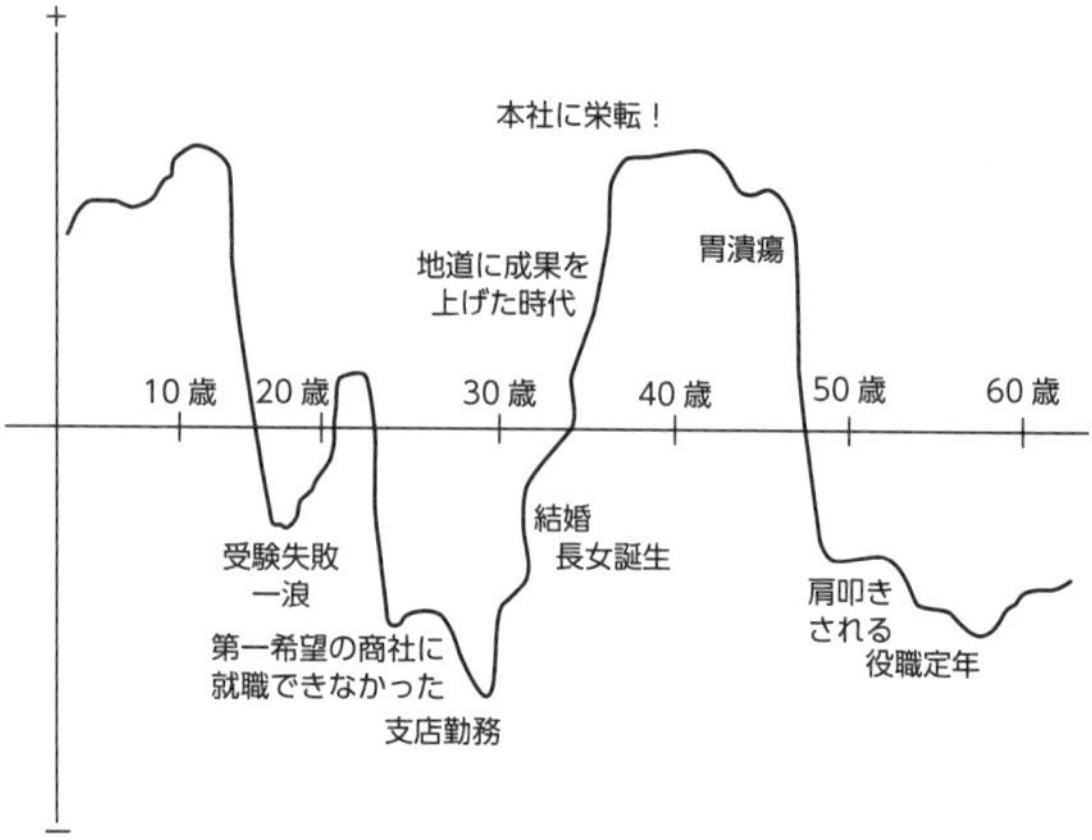

夜と霧の中を飛ぶパイロット

件のフランクルの著書のタイトルは『夜と霧』だが、夜と霧の中で計器飛行するパイロットの唯一の手掛かりは、目的地の飛行場から送られるモールス信号だけだという。その信号が聞こえる場所は、地形、気候、その他の信号の条件などで微妙に変わるので、パイロットはその都度高さを変え、方向を変え、ちょっとずつ動くことで無事に着陸できるそうだ。

中年期の危機（＝アイデンティティーの再構築）で始まる海図なき航海でも、自分が目指す場所からモールス信号が発せられているに違いない。私たちが今生きているのは、過去の成功モデルが一切役に立たない、世界中で誰も経験したことがない長寿社会だ。自分のヒストリーを誇りに、右に行ったり左に行ったり、高く飛んだり低く飛んだり、自分の価値判断に基づき具体的に動くと、生きがいや幸せを見いだすことができる。

自由に決めて動けばいい。だって、他でもない、自分のライフキャリア・レインボーなのだから。

つながりはメタボ予防に効果あり

有意味感、意志力、アイデンティティーは、長い人生を自分の思うように生きるための中核となる。これらの全てが「人とのつながり」を土台とした上に存在することは、これまで書いてきたとおりだ（図表５）。

米国のノースカロライナ大学チャペルヒル校社会学科研究グループは、つながりを「広さ」と「質」に分け分析し、興味深い結論を得た。

図表5｜有意味感、意志力、アイデンティティーが人生の中核となる

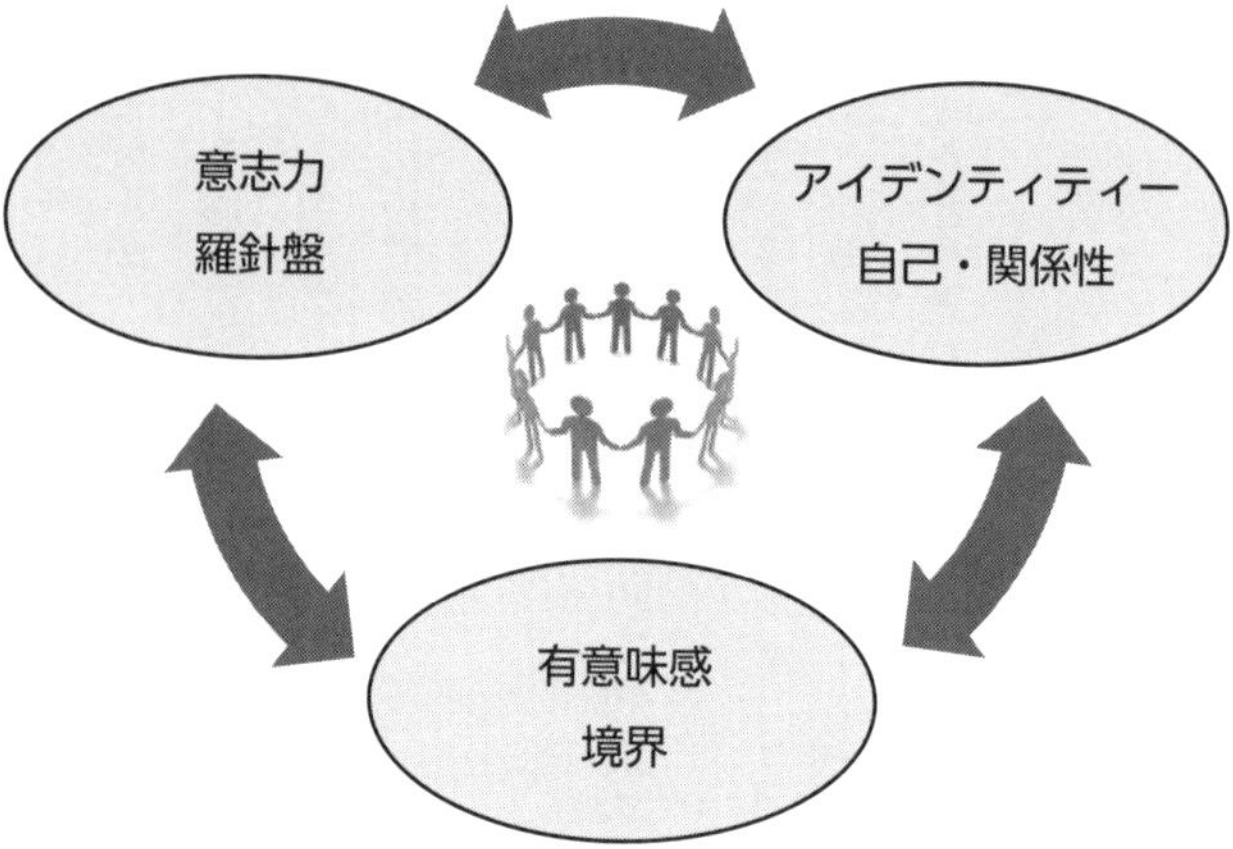

「広さ」とは、家族、親戚、友人、地域活動、ボランティア活動、教会への参加など幅広い人間関係を築けているかどうかで（対語は「社会的孤立」）、「質」とは、「互いに支え合う関係にあるか」「互いのことを分かり合えているか」「自分の本心を出せるか」といった心の距離感の近い社会的なサポートだ。

研究グループは、これらを得点化し、健康との因果関係を2万人近い大規模な異なる年齢層（若年、壮年、中年、老年）の縦断データを用いて分析。その結果、論文タイトルにもなった「Your relationships are just as important to your health as diet and exercise」という結論に至ったのだ。[※6]

具体的には、

・若年期に広い社会関係を築けていると、腹部肥満のリスクが低下する。反対に、社会からの孤立は、運動をしないのと同じくらいＣＲＰによる炎症リスクを上昇させる
・老年期の社会からの孤立は、高血圧のリスクを高める
・中年期の社会的なサポートは、腹部肥満とＢＭＩを低下させる
・中年期の社会的なサポートがない人は、ＣＲＰによる炎症リスクが高い

つまり、「若い時はあっちこっちに顔を出してネットワークを広げればいいけど、中年になったら、健康な食事や運動と同じくらい本音を言える友人の存在は大きくなる。定年後に備えて地域との関わりやボランティア活動など、幅広いネットワークを持った方が健康でいられる」ってこと。ゆるいつながりがあれば、友だちはたくさんいらないのだ。

人生を豊かにする「緩いつながり」

会社という同質性の高い集団で長い時間を費やした会社員にとって、会社の外のいろいろな人たちと交流を持つことは、長い人生の財産となる。

これまで私がインタビューしてきた人で、再就職に満足している人は例外なく、「名刺が全く役立たない緩いつながり」を持っている人だった。

ある人は資格を取るために通った専門学校で。

ある人は町内会で。

ある人はボランティアで。

年齢もバラバラ、会社もバラバラ、性別もバラバラの多様性があるコミュニティーの一員になったことで、

ある人は自分がいかに恵まれているかが分かった、と語り、

ある人はそこに行くと自分が若手だった、と笑い、

ある人は何年かぶりに「ありがとう」と言われた、と顔をほころばせた。

結局のところ、自分のことは他人を通じてしか分からない。同じ「塩」（第2章参照）に漬かっていると「お互い分かっている」が前提だが、多様な年齢や職業などさまざまな違いを持つ人たちとのつながりでは「分からない」が前提になる。分からない分、新たな価値観や情報に出会うので、自分の立場を俯瞰《ふかん》できるし、自分世界も広がっていく。

そして、緩いつながりの中に、本音で話せる瞬間がひとときでもあれば安堵できる。

定年ぼっちで寂しい日々を過ごしていても、そういう瞬間が週に1回でもあれば、「寂しいよ。でも、楽しいこともある」と笑える日常を手に入れられるのだ。

同窓会という鬼門

――50歳を過ぎた頃から、定期的に高校の同級生と飲み会をやるようになりましてね。最初の頃は何度か僕も参加していたのですが、なんか面白くなくて遠ざかっていたんです。

ところが、先日、常連出席組の1人から「たまには来いよ」と連絡が来て、8年ぶりに参加しました。久しぶりに行ったら、みんな定年に達して雇用延長してましたよ。

参加できなかった同級生の中には、がんで闘病中だったり、奥さんの具合が悪いとか、親の介護で実家に戻ったというヤツらがいて。60過ぎると、ホントいろいろありますよね。

ただ、そういった変化は誰にでもあるので、近い将来に備える上でも同級生の動向を知るのは意味がある。みんなと話していると「ああ、自分だけじゃないんだなぁ」と、ホッとした側面もあったように思います。

60歳までは、どんな会社にいるか？　とか、役員になれるとかなれないとか、会社という枠での違いをお互いに気にしてしまうけど、60歳過ぎると大企業で出世した人も、小さな会社でやってきた人も横一線になります。中には相変わらず偉そうなヤツもいるけど、そんなヤツでも健康や家族の問題は全員共通の関心事です。

年のせいなのかもしれませんが、自分でも驚くくらい、そういった問題に頭も心も縛られる。そんなとき　同じ会社でもない、近所に住んでいるわけでもない。恥も外聞もなくいろいろと話せる同窓の存在はありがたいと思いました。

男ってあまり個人的なこと話さないですから……。僕は同窓会に毎回顔を出すほど積極的にはなれないけど、「どうせ来ないよ」と愛想尽かされて連絡が途絶えないように、たまには出席するつもりです。――

メーカー勤務　松下さん（仮名）64歳

定年過ぎればただの人

いい企業に入り、出世街道を歩み、大会社の役員になっても、定年になれば「ただの人」。会社の階層の上がり方、到達点、そこまでのプロセスや経験、見てきた景色は異なれど、定年になれば全員「ただの人」になる。たとえ周りがうらやむような再就職をしている人でも、誰もが例外なく予期せぬ喪失の連続と、それに呼応するように増える心配事に疲弊し、寂しさを抱えているものだ。

そんなとき、「この世に同じ問題を抱えている人がいる」と肌で感じられる経験は、何物にも代え難い癒やしになる。決して人には言えない弱音が安らいでいく。同窓会には賛否両論さまざまな意見があるけど、「まだ、何者でもなかった自分」を知っている仲間は大切なリソースの一つだ。私自身、50歳を過ぎた途端「親が老いる」事態に直面し、同級生の「おまえもか。お互い大変だな」という言葉に何度も救われた。

60歳まではまだ時間的猶予があるが、きっとその年齢になったら「自分の健康や家族の問題」に翻弄される気持ちや、それを話せる仲間がいることの価値をもっとリアルに理解できると確信している。

60歳以上の男女を対象に内閣府が行った調査（「高齢者の日常生活に関する意識調査」）では、60代前半（60〜64歳）では70・9％、後半（65〜69歳）の71・1％が、日常生活の不安事項のトップに「自分や配偶者の健康や病気こと」を挙げ、それに続くのが「自分や配偶者が寝たきりや身体が不自由になり介護が必要な状態になること」だった（60代前半：61・8％、60代後半：62・1％）。

私の友人のお母さんは70歳を過ぎてから「誘われたら断らない」と決めたそうだ。きっとその真意は、自分が70歳になったときにこそ分かるのだと思う。

英語もまともにできない50代

――息子と久々に飲んだら、息子がやたらと50代の文句を言うんですよ。エクセルがまともに使えない、コミュニケーション能力が低い、役職定年になって会社にいる意味があるのかって。揚げ句の果てに、シニア社員が異動してくると、みんなの迷惑だから、さっさとクビにして自分たちの給料上げてほしいとか言うわけです。

シニア社員の生かし方は、うちの会社でも課題になっているので、息子の言い分が分からないでもない。でも、30そこその若造が、シニア社員をまるで給料泥棒のろくでなしのように言っているのを目の当たりにしたら、頭にきちゃってね。

ついカッとなって、「若手にはない力がシニア社員にはあるんだぞ」って言い返したんです。そしたら今度は「現場の邪魔をするか、死んだフリしてるかどちらかの人に、どんな力があるのか？50歳以上はそもそも人間関係が狭すぎる。会社の中にしか人間関係がないから視野が狭い」って反論してきた。

なので、会社は使い物にならないヤツを置いておくほど、バカじゃないって言ってやったんです。そしたら今度はなんて言ったと思います？

「今の50代は英語もまともにできないのに大企業に入った人がたくさんいる。50代は甘やかされ過ぎだ」って。

なんだか自分のこと言われてる気がしてきちゃって、情けなくてね。会社では私も、安心だけを求めるやつは要らないって50代以上の社員に活を入れてるんですけど、若手社員のアレルギーがここまでひどいとは驚きました。

実際のところ、50歳以上の社員ってどうなんですか？　息子を納得させることができなかった自分も悔しくて。本当、どうなんですか？――

本城さん（仮名）60歳

おじさんは日本の未来かも？

会社ではシニア社員に活を入れている上場企業の社長＝本城さんが、息子との応酬に悪戦苦闘している姿を想像するだけで失笑してしまうが、やりとりを聞く限り息子さんの圧勝である。

「50歳以上はそもそも人間関係が狭すぎる」「50代は甘やかされ過ぎだ」という指摘は、若い世代が働かないおじさんを批判するときの常套句《じょうとう》だ。厳しいシューカツ戦線を勝ち上がってきた彼らは、時代がいいというだけでいい会社に入り、自分よりいい給料をもらっているおじさんたちが許せない。それに輪をかけているのが、飲み会や長時間労働を是とする価値観への嫌悪感だ。

いずれにせよ、目に見える仕事だけが仕事ではないし、50代に冷ややかなまなざしを注ぐ若手にはない力が、シニアにはある。

それは、体を通じて蓄積した「暗黙知（tacit knowledge）」だ。

人間が習得する知識は、大きく2つに分けることができる。

1つは、視覚または聴覚を通じて習得する知識で、これは「情報知」と呼ばれている。2つ目が自分の感覚を通じ実際に体験して習得する「経験知（身体知）」だ。

例えばラジオ、テレビ、新聞、SNSなどのメディア、あるいは人から聞いた情報として知り得た知識は「情報知」。情報過多社会に生きる若い世代に、シニア世代は情報知で勝つことができない。彼らの情報網は実に多彩で、常に情報をアップデートし、中には歩く「Yahoo!ニュース」のような若者もいる。

一方、経験知は、音の聞き分け方や顔の見分け方、味の違いなど「言葉にされていない知識」として身に付くもので、自転車の乗り方を練習し乗れるようになった時の感覚なども「経験知」だ。

このような「経験知」の中に「暗黙知」がある。暗黙知には、その人の勘やひらめきなどの主観的な知識が含まれ、言葉にするのが極めて難しい。暗黙知は「難しい相手との交渉」や「部下の心をつかむ」など特定の目標を達成するための手続き的な経験に加え、読書や映画鑑賞などで言語能力を高めることで飛躍的に伸びる。仕事だけじゃダメ、勉強だけでもダメ。よく学び、よく遊び、よく働いた経験が暗黙知を豊かにする。そして、暗黙知が豊かなほど、想定外の出来事にうまく対処できる。

ついつい私たちは言葉にできる知識こそが「真の知識」だと考えがちだが、人間は言葉にできない知識を持ち合わせている。予期せぬ問題に対処するには、五感をフル活用することで引き出される暗黙知が必要不可欠だ。

50歳以上の人たちは、上司のパワハラにも耐えた「たたき上げ世代」だ。今ほど細かいマニュアルはなかったし、上司が丁寧に手取り足取り教えてくれることもなかった。このときの非効率でアナログな経験こそが、「おじさんの切り札」になる。

しょせんどんなに詳細なルールやマニュアルを作ったところで、そこに「人」がいる限り、網の目からこぼれ落ちる事態や事件が起こる。そんなときに、現場の対応次第で、小さな事件がとてつもなく大きな問題になってしまったり、大問題になりそうな事件が意外にもすんなり片付いたりする。

それを左右するのが「暗黙知」。いわば「現場の力」だ。

ベテラン運転手に見た現場力

ある日、マンション横の一方通行の道で、私の車の前を走っていたタクシーを大きな荷物を持った高齢の女性が止めた。女性はなかなか車に乗り込むことができず、ちょっとした渋滞となった。

タクシーの運転手は車から降りることもなく、高齢の女性を待つばかり。その様子にいら立った車が「プッ、プッ」と小さくクラクションを鳴らし始めた。バックミラーで後続の車を見ると、窓から顔を出す人もいた。私も「なんで運転手さん降りてきて、おばあさんの荷物を持ってあげないんだろう。なんなら私が行くか！」と動かない運転手に少しばかりイラついたので、おそらくドライバーたちの怒りは運転手に向けられたものだと思う。

すると私の後ろに並んだ車の列の中に同じタクシー会社の方がいたようで、年配の運転手が突然走ってきて私たちに深々と頭を下げた。そして、高齢の女性の荷物を持ち上げて手を取り、優しくドアを開けて乗せたのだ。慌てて20代後半くらいの若い運転手さんもタクシーを降り、ベテランの運転手さんに促されるように私たちの方に頭を下げた。

まさに危機一髪。

ベテラン運転手が出てこなければ、クラクションは激しさを増し、堪えきれず怒鳴りだす人が出てきた可能性もある。

このときのベテランの運転手さんの行動力こそが「暗黙知」だ。後続のドライバーの怒りを静めるだけではなく、高齢の女性も守った。即座に脳と体が状況を処理し、「今、何をすべきか？」を順序立て判断する。現場の解決力はこういった暗黙知が支えているのだ。

仕事現場の〝雪かき仕事〟を生かせ！

暗黙知はさまざまな不測の事態や、「もう無理！」という状況を繰り返し経験することで高まるため、年齢とともに上昇し、ピークは70歳と断言する研究者もいるほどである。50代の人たちは若い頃に、人事評価の対象にもならない仕事現場の〝雪かき仕事〟をした経験もあるので、彼らの暗黙知には「現場の空気感」が深部まで染み込んでいる。

某電鉄会社のトップは、「うちの会社では半年間、電車の車掌を経験させられるんです。私にとってあれほど貴重な経験はなかった」と語り、某建設会社のトップは、「若い時の現場経験が、働き方改革を考えるときに役立った」と断言する。某新聞社の記者は「集金とか新聞配達とか新人のときやったんですよ」と笑い、某メーカーの部長は、「地方回りを若い時に経験させられたことで、自分の仕事に対する意識が変わった」と教えてくれた。

そんな海千山千の経験は、胆力という財産にもなる。

たわいもないに出来事にいら立つ〝モンスター〟が横行する今の日本社会で、50代の暗黙知は貴重な武器だ。ただし、そう、ただし、せっかくの宝を生かすも殺すも自分次第。暗黙知は「自分の可能性にかけてみたい＝人格的成長」という自分への期待がない限り生かすことはできない。宝の持ち腐れになる。

自分に期待する力のスイッチ

「人格的成長」は内的な力の一つで、年齢とともに低下しやすい。だが、全ての人に人格的成長の機能は常備されていて、いくつになっても自分でスイッチをオンにさえすれば、確実に機能する。

50代を過ぎても人格的成長がオンになっている人は、どこまでも成長し、進化し続ける。「再雇用先でなんと管理職になりました！」とうれしそうに話してくれたり、「学生に講義をすることになったので伝わる話し方を教えてください」と連絡が来たり。中には「この年で海外赴任になりました！」と人生初の海外駐在を決めた人もいた。彼らは年を重ねるにつれ「必要とされる人」になっていった。

そんな彼らにも、自分の立場に戸惑い投げやりになったり、息を潜めそうになった経験があった。それでも「このままじゃつまらない」とあらがい、主体的に動いた。若い人たちの「朝活」に参加したり、資格取得の研修を受けたり、地域のボランティア活動に参加したり。自分とは年齢も立場も違う人たちと率先してコミュニケーションをとった。すると「学びに方向性はない」ことが分かる。腐ってる場合じゃない、とどんどん学びたい気持ちが刺激され、面白くなっていく。

とにかくその都度、動きさえすれば生きるエナジーが充電され、ボルテージは高まっていく。若い時のような瞬発力はなくても、静かに長く続ければいい。

自分が自分に期待しなけりゃ、周りが自分に期待するわけない。「私はもっと進化できる」という確信があれば、唯一無二の「私」になれる。学びはあちこちにあふれている。自分がここに存在する意味＝有意味感を実感し、「年を取るのも悪くないな」と喪失感と共存できる。

希望とは、浮かれた中ではなくしんどい中に存在するのだ。

他者は変えられないけど他者との関係性を変えることはできる

世間では「会社の外に居場所を作れ！」がシニア社員の定説だが、つながりなくして居場所などできやしない。つながりで大切なのは「仲良しこよし感」ではなく「相手をリスペクトする気持ち」だ。

働く時間がどんなに延びようともビジネスの論理から言えば年寄りは嫌われる。定年が消滅する時代になろうとも、50代になれば冷ややかな扱いを受ける。

だが、他者を変えることはできなくても、他者との関係性を変えることはできる。

・ルーティンを作る（42ページ）
・オバちゃんトークをまねる（75ページ）
・目の前の仕事に完全燃焼する（87ページ）
・次世代に役立つことをする（113ページ）

・「家庭」のボールを大切にする（１３３ページ）
・人生が自分に何を期待してるかを考える（１５７ページ）
・緩いつながりを作る（１６９ページ）
・自分に期待する力（１８２ページ）

これまでお話ししたことを実践すれば、おのずと質のいいつながりが生まれ、「人生は予想外の連続だけど捨てたもんじゃない」とほほ笑むことができる。定年ぼっちに一抹の寂しさを感じても、「なんか楽しかったな」と心がはずむ瞬間があれば前を向ける。「半径３メートル世界」が血の通った温かい空間になるかどうかは、自分の行いで決まるのだ。

※6　分析に用いたサンプルは、Add Health（７８８９人）、MIDUS（８６３人）、HRS（４３２３人）、NSHAP（１５７１人）の4つで、それぞれ2時点の縦断データ。健康度の測定項目は、血圧、ボディマス指数（ＢＭＩ）、ウエスト周囲径、炎症の測定指標となる特定のタンパク質（ＣＲＰ）。

残念なおじさん図鑑⑤

一流大学卒、大企業の役員で64歳の祐介は、自分より肩書や学歴が見劣りする者は見下していた。タクシーに乗っても横柄な態度で接するのは、高額納税者なので当たり前と思っている。家族にも自分のおかげでいい生活ができていると思っていたため、好感を持つ者は誰もいなかった。

終わりと目的

２０１８年の日本人の平均寿命は、女性が87・32歳（世界2位）、男性が81・25歳（世界3位）で、いずれも過去最高を更新。男女ともに、がん、心疾患、脳血管疾患の「3大疾患」による死亡率が改善した影響で、「医療水準や健康意識の向上などの成果とみられる。平均寿命はさらに延びる可能性がある」（by厚労省の担当者）らしい。

平均寿命が延びたと報じられると、決まって「寝たきりばかり増やしてどうするんだよ」的コメントが散見されるが、それは大丈夫だ。介護を受けたり寝たきりになったりせず日常生活を送れる期間を示す「健康寿命」は、男女とも平均寿命以上に延び、こちらも世界最高レベルに達している。

男性は２００１年に69・40歳だったが、２００７年に70・33歳と70歳を超え、16年は72・14歳。女性は２００１年に72・65歳だったが、２０１６年は74・79歳まで延びた。結果、２０１６年の平均寿命と健康寿命の差は男性8・84年、女性12・35年と短くなっている（内閣府「令和元年版高齢社会白書」)。

しかも、厚生労働省は、２０４０年までに健康寿命を男女ともに3年以上延ばすと意気込んでいるので、健康寿命は男女とも75年以上になる可能性が高い。

……ってことは、70歳どころか75歳、いや80歳まで元気に働ける時代が来る。50代を戦力外に追いやる風潮にはじくじたる思いはあるが、今、日本社会が向かっているのは長く働く社会だ。

ラテン語の「finis」という言葉には、「終わり」と「目的」という2つの意味があるという。

年を重ねてくると「もう年だから」と新しいことにチャレンジするのを諦め、「今からじゃ無理でしょ」と年齢や肉体的な衰えを理由に、「できない」ではなく、「やらない」選択をしてしまいがちだ。

だが、「これが最後だ」と思えば、恥も外聞もなくチャレンジできる。思い切って一歩踏み出すことは、年齢に関係なく満足感につながっていく。「最後の仕事」という主観は、次世代につながる何物にも代え難い財産となる。

明日、人生はどんな期待を「私」にするのだろうか？

正直なところあまり長生きはしたくないけど、どうせ頂ける命なら面白い人生で終わりたいものだ。

著者略歴

河合薫（かわい・かおる）

健康社会学者（Ph.D）
東京大学大学院医学系研究科博士課程修了。千葉大学教育学部を卒業後、全日本空輸に入社。気象予報士としてテレビ朝日系「ニュースステーション」などに出演。その後、東京大学大学院医学系研究科に進学し、現在に至る。「人の働き方は環境がつくる」をテーマに学術研究にかかわるとともに、講演や執筆活動を行っている。
著書に『他人の足を引っぱる男たち』『他人をバカにしたがる男たち』『残念な職場』等。

SB新書　505

定年後からの孤独入門

2020年３月15日　初版第1刷発行

著　者　河合《かわい》 薫《かおる》

発行者　小川 淳

発行所　SBクリエイティブ株式会社
〒106-0032　東京都港区六本木2-4-5
電話：03-5549-1201（営業部）

装　幀　長坂勇司（nagasaka design）

本文デザイン・DTP　株式会社RUHIA

イラスト　オグロ

印刷・製本　大日本印刷株式会社

本書をお読みになったご意見・ご感想を下記URL、
または左記QRコードよりお寄せください。

https://isbn2.sbcr.jp/00778/

落丁本、乱丁本は小社営業部にてお取り替えいたします。定価はカバーに記載されております。本書の内容に関するご質問等は、小社学芸書籍編集部まで必ず書面にてご連絡いただきますようお願いいたします。

ISBN 978-4-8156-0077-8